AF309487

Rudolf BRODA

Docteur en Droit
Elève Diplômé du Collège libre des Sciences sociales

ESQUISSE
D'UNE HISTOIRE NATURELLE
DES PARTIS POLITIQUES

Avec un Avant-Propos

DE

Paul GHIO

Prix: 1 fr. 50

PARIS
GUILLAUMIN ET Cⁱᵉ
ÉDITEURS DU JOURNAL DES ÉCONOMISTES
RUE RICHELIEU, 14

1903

AVANT-PROPOS

Mon cher Monsieur,

Vous me demandez quelques mots de présentation pour votre étude sur l'histoire naturelle des partis politiques, qui est, en même temps, le résumé de la thèse que vous avez si brillamment soutenue aux examens de diplôme du Collège libre des sciences sociales.

Je suis heureux de satisfaire votre désir, d'autant plus que les idées que vous développez dans votre travail sont, en grande partie, les miennes. Je partage avec vous votre foi ardente dans la liberté, dans la recherche scientifique, dans l'avenir de la solidarité humaine ; et c'est à cette communauté de sentiments, que j'appellerai fondamentaux, que je demande l'autorité — par ailleurs, hélas ! problématique — nécessaire pour engager le public français à lire et à méditer votre mémoire.

Si les studieux n'y trouveront pas encore, peut-être, ce pouvoir d'analyse subtile et profonde, cette limpidité de conceptions qui sont le privilège de l'âge mûr, ils constateront cependant, en le parcourant, votre indéniable aptitude pour la réflexion et l'investigation ; ils admireront votre impatience de tout connaître, de tout voir au delà des apparences trompeuses de la vie politique.

Aussi, votre travail qui — vous l'avouez vous-même — n'est pas définitif, servira-t-il efficacement à remuer les idées et à fortifier la conscience de tous ceux qui l'étudieront ; et ils seront nombreux, je l'espère.

Croyez-moi, en attendant, mon cher Monsieur, votre affectionné

PAUL GHIO.

A ma Sœur Hedwig,
en souvenir de sa collaboration affectueuse.

ESQUISSE
D'UNE HISTOIRE NATURELLE
DES PARTIS POLITIQUES

I

Jusqu'à ce jour, on a toujours envisagé le parti politique comme
partisan ou comme adversaire d'une doctrine déterminée. Et,
quoique les luttes entre les différents partis aient naturellement
échauffé les esprits, quoiqu'on ait trouvé des infinités de raisons
pour prouver la vérité de telle ou telle opinion politique : presque
jamais, au cours de l'histoire, on n'a eu l'idée de considérer les
« partis » eux-mêmes comme des organismes obéissant également
aux lois de leur évolution.

Il n'y a pas là de quoi s'étonner.

L'opinion générale, jusqu'à nos jours, a voulu que dans la lutte
des partis l'un eût toujours forcément « raison » au nom de la logique ou de la morale, et l'autre tort; autrement dit que l'opinion
« juste » et la « bonne volonté » fussent d'un côté, et de l'autre
« l'opinion fausse » et la « volonté maligne ».

Et cette manière de voir, que le peuple avait instinctivement,
était indissolublement liée à la foi en un droit absolu et en une
morale impérative.

Si nous avons la ferme volonté d'avancer sur le chemin philo-
génétique jusqu'à une conception des partis conforme aux idées
sociologiques modernes, il faut fonder le changement des opinions
dans le vaste empire des idées sur le droit et sur la morale.

Il fut un temps, et en beaucoup de pays cette conception dure
encore, où l'on faisait dériver la valeur de toute chose du point de
vue religieux.

Etre bon ou méchant, avoir raison ou tort, être vertueux ou cri-
minel, n'était autre que de vivre selon la volonté de Dieu ou en
opposition avec elle.

C'était bien là une commune mesure, nettement déterminée et
constante en tout temps et chez tous les peuples et dans toutes les
circonstances de la vie humaine.

Le droit naturel et l'esprit du dix-huitième siècle ont essayé de dégager le droit et la morale de ce fond religieux, mais sans abandonner la thèse de leur immuabilité.

Il était réservé à la jurisprudence comparée moderne d'attaquer la première et de détruire cette croyance à un droit absolument obligeant, qui avait été observée durant des siècles.

Elle nous a montré qu'un grand nombre d'actes (par exemple l'infanticide) sont regardés chez beaucoup de peuples comme des crimes, chez d'autres comme des actes licites, chez d'autres encore comme des actes ordonnés par les dieux. Elle a remonté dans l'histoire de l'évolution des normes du droit jusqu'à leur forme embryonnaire et elle a découvert à l'origine, comme raison fondamentale du droit, dans la plupart des cas, l'intérêt d'un peuple victorieux qui s'érige en classe dominante vis-à-vis des vaincus.

Elle nous a démontré que, chez tous les peuples primitifs, la vie et les biens des membres de la tribu dominante sont protégés par le droit, tandis que toutes les violences sont permises envers les étrangers. Cette constatation a fait disparaître la doctrine d'un droit ayant régné invariablement dans tous les temps et chez tous les peuples, et elle nous a donné à concevoir le « droit » comme une fonction de l'évolution.

Plus longtemps a résisté aux assauts de la science la croyance à une « morale » absolue, invariable et obligatoire.

Et pourtant, cette croyance aussi, il a fallu y renoncer. Même chez un seul peuple, ayant une civilisation uniforme et un droit commun à tous, nous voyons à plusieurs reprises dans l'histoire deux ou plusieurs systèmes de morale en opposition : chez les anciens, les préceptes des stoïciens et des épicuriens, plus tard le paganisme et le christianisme ; dans les temps modernes enfin, le néo-paganisme aristocratique et individualiste avec son amour de la vie (Nietsche en fut l'apôtre le plus éloquent et le plus avancé) a combattu les systèmes démocratiques et sociaux qui embrassent le christianisme et le socialisme (le premier nous détournant de la vie, le second nous y attachant).

Même nous avons pu voir en ces derniers temps chaque classe se créer sa propre morale avec un criterium, et de chaque découverte de la science nous voyons sortir de nouveaux systèmes moraux (par exemple de la théorie de la descendance).

Aussi devons-nous regarder les systèmes de morale comme des êtres d'un monde surorganique, qui naissent, croissent, s'épanouissent et déclinent, mais qu'il ne faut pas considérer comme obligatoires en tous temps et en tous lieux, et qu'il faut, par contre, juger du point de vue évolutionniste.

La science, qui va toujours plus avant, ne devait-elle pas atteindre le même résultat quant à ces êtres surorganiques qui nous apparaissent comme partis et opinions politiques et qui règnent sur notre temps plus encore que le droit et que la morale ?

Les organes spirituels des partis eux-mêmes ont fait jusqu'ici bien peu pour éclaircir notre problème. Ils ont presque toujours conçu leurs théories comme la vérité absolue ne souffrant pas la discussion ; par certains côtés, tous partagent encore l'esprit de l'église romaine qui prétend détenir exclusivement le salut en soi-même.

Il faut reconnaître pourtant qu'il y a un groupe politique qui a eu la force morale de s'appliquer la théorie de l'évolution, le socialisme scientifique contemporain. Au commencement du XIXᵉ siècle encore, ses apôtres, les socialistes utopistes Saint-Simon, Fourier et Owen, regardaient leurs évangiles comme « propres à tous les temps » et croyaient que c'était seulement par indifférence ou indolence qu'on ne les avait pas reconnus plus tôt.

Le premier, Karl Marx chercha dans l'histoire la racine de son parti et sa formation dans la dépendance des conditions sociales. Il ne le regardait que comme une vague dans le torrent écumant de l'évolution, comme un phénomène destiné à produire du travail utile au genre humain ; il n'était pour lui qu'un échelon de l'évolution sociale et du développement des esprits, n'obligeant à la doctrine du parti que celui qui l'acceptait en toute liberté ou qui avait été contraint par la force à en accepter les conséquences.

Sa théorie scientifique (connue à tort sous l'étiquette trompeuse de : conception matérialiste de l'histoire), qui prétendait que toute formation politique et spirituelle dépendait causalement de l'évolution économique a, en somme, malgré qu'elle soit incomplète, le mérite incontestable d'avoir poussé d'innombrables esprits à rechercher les rapports de causalité entre les idées sublimes de l'humanité ainsi que leur corrélation avec les formations sociales.

Et voilà pour nous un rideau tombé, voilà baissé le voile qui nous empêchait d'apercevoir le problème exact qui se pose maintenant, à savoir si les partis politiques sont susceptibles d'être, dans leur essence, « justes » ou « faux », « bons » ou « mauvais » et s'ils ne doivent pas être regardés plutôt comme des organismes, des idées et des actions vivant sous le sceptre des lois qui régissent leur existence et leur développement... ou encore comme des incarnations d'une énergie spirituelle (dans le même sens que les sciences physiques et naturelles la conçoivent maintenant) destinées à produire du travail dans la nature, mais aussi éloignées du

« juste » et du « faux » qu'aux yeux d'un savant moderne les phénomènes ou les forces naturelles.

La science moderne ne connaît en effet qu'un chemin pour arriver à la solution d'un problème : celui de l'observation qui, par la méthode expérimentale, nous amène aux idées générales.

Pour observer ce processus, il nous faut maintenant abandonner le procédé plilogénétique (qui nous a montré notre problème comme issu de l'histoire) et chercher à nous former un jugement par le moyen ontogénétique, en travaillant dans le laboratoire de la vie et en fouillant parmi les documents qu'elle nous fournit.

II

Tâchons maintenant de parvenir par le chemin ontogénétique à la conception de la nature réelle des partis politiques.

Les sources où nous devons puiser sont près de nous ; la vie entière des partis politiques se reflète dans la presse quotidienne.

Pour développer parfaitement notre sujet, il faudrait examiner les questions politiques quelles qu'elles soient dans les divers Etats et comparer ensuite entre eux les articles de presse qui en traitent pour découvrir exactement la position des partis qui les représentent.

Nous n'entreprendrons pas de citer textuellement les articles dont il s'agit, ce qui dépasserait les proportions de ce travail. Nous nous contenterons d'indiquer la méthode appliquée par l'auteur de ces lignes pendant des années et d'exposer les résultats obtenus. Quiconque emploie judicieusement cette méthode reconnaîtra du reste, avec l'évidence indiscutable de l'instinct, que tout ce qui émane des partis ne peut être ni juste ni faux. C'est uniquement une affirmation sentimentale, l'exposé d'un dessein à défendre ou à combattre, et ce n'est que la forme logique du jugement qu'on y emprunte.

Au cours de notre examen, nous aurons à nous occuper de deux cas différents.

Quant aux questions logiques ou même techniques (comme par exemple les effets économiques d'une douane proposée) nous apercevons dans les journaux de la même couleur politique des avis identiques ; ce qui donnerait à penser que le fait d'appartenir à un parti déterminé ait toujours pour conséquence une disposition intellectuelle spéciale ayant une influence sur la manière de penser et la manière de voir au concret. De même nous trouvons dans les positions prises par une même feuille à l'égard des questions politiques soulevées, toujours le même principe fondamental ; et nous pouvons aller jusqu'à prédire l'avis de cette feuille sur toute question à venir, en considérant la constance qui règne dans tous ses jugements épars.

Nous reconnaîtrons de nouveau que le parti n'est pas exclusivement une réunion d'individualités qui pensent de même à l'égard de quelques questions politiques, mais qu'il possède aussi une certaine somme d'idées, c'est-à-dire la faculté de produire, de suggérer les dispositions intellectuelles dont nous venons de parler. A la rigueur, on pourrait pourtant encore, même dans ces cas là, parler de jugements concrets « justes » ou « faux » (bien qu'ils soient influencés par la puissance suggestive de la persuasion).

Il en va tout autrement pour les questions qui ne sont pas proprement techniques et qui sont de beaucoup les plus nombreuses.

En comparant les articles d'organes divers sur les actes du gouvernement ou sur certaines lois, nous reconnaissons dès l'abord que les phrases bien connues : cette action est détestable ou bien : cette loi est bienfaisante et juste, ne sont que le masque d'un véritable jugement logique, et qu'elles ne sont en réalité que l'expression de la satisfaction ou du mécontentement, de la sympathie ou de l'aversion des différents partis politiques.

En examinant le problème encore plus en détail, nous apercevons que de tels sentiments d'aversion d'un parti, par exemple envers le gouvernement, ne sont rien autre que la manifestation du fait que ces deux puissances se trouvent à l'opposite l'une de l'autre. D'où il suit évidemment que le jugement porté d'un tel point de vue perd toute valeur. Le problème entier est analogue au cas d'un homme qui porte une appréciation sur un autre. Les phrases : « un homme agréable », « un caractère mauvais » n'expriment de même rien autre que, d'abord la nature des relations entre celui qui juge et celui qui est jugé, et ensuite le rapport du caractère jugé au caractère de celui qui le taxe selon sa conception du bien et du mal (celle-ci n'étant pas fondée plus solidement que celle de l'autre).

Et encore, en comparant les articles des journaux divers avant une élection et leurs « votez pour » ou « votez contre », on reconnaîtra plus distinctement encore qu'il ne s'agit pas d'un jugement qu'on peut qualifier de « juste » ou de « faux » mais exclusivement de l'expression d'une volonté, d'une resolution, c'est-à-dire d'un phénomène psychique auquel les catégories « bon » ou « mauvais » ne peuvent pas être appliquées.

Nous verrons alors que la plupart des opinions politiques ne sont pas des « opinions », à proprement parler, et qu'il serait absurde de désigner ses propres idées comme « justes » et celles de l'adversaire comme « fausses » ou insensées; qu'elles ne sont, en somme, employées au figuré, que l'expression concrète des forces d'attraction et de répulsion de deux être indépendants, c'est-à-dire du parti et de l'acte qu'il appelle « bon » ou « mauvais » Prenons un exemple pour éclaircir cet exposé.

Une des question le plus souvent agitées en Allemagne comme en Autriche dans les débats du Parlement et de la presse quotidienne est celle de savoir si le duel doit être permis ou interdit par l'Etat.

Les nationalistes le défendent comme un corrélatif de l'honneur chevaleresque des Germains, les cléricaux le condamnent comme péché, les socialistes enfin l'attaquent comme un vestige des temps passés et du droit du plus fort. Tous ces partis s'attachent à prouver que leurs adversaires sont complètement dans l'erreur. A la vérité, il s'agit ici d'une collision de forces intellectuelles et sociales différentes, contraintes par leur nature intime à envisager le duel dans des sens divergents. Cette coutume, est tout aussi bien un acte chevaleresque qu'un péché au point de vue chrétien, tout comme une incarnation du droit du plus fort.

Il est impossible de trouver une commune mesure pour juger de l'importance des facteurs susdits puisque la valeur elle-même en est relative, et diffère de beaucoup, selon les esprits hétérogènes qui les envisagent. Nous y verrions plutôt des forces naturelles s'entrechoquant comme deux tribus d'Indiens qui se rencontrent dans les vastes landes, ou comme deux tempêtes aux prises dans un ciel orageux, retentissant des éclats majestueux du tonnerre. Ces forces naturelles ce sont les partis politiques en présence.

Ce sera l'objet de cet opuscule d'examiner leur nature et leur position, en tant que faisant partie du monde surorganique.

III

A mesure que la science naturelle nous emmène plus avant sur la route montante de l'évolution de la vie, il faut recourir aux méthodes d'examen et de recherche les plus complexes, faute de quoi les phénomènes organiques les plus délicats et les plus menus nous resteront cachés.

Et c'est avec plus de minutie encore qu'il faut procéder si nous voulons nous élever de l'étude de l'homme-individu à la conception de l'histoire de l'évolution des institutions humaines et des étapes de l'humanité dans le domaine de l'âme et des idées, c'est-à-dire, je le répète, des phénomènes du monde surorganique (comme Herbert Spencer l'a appelé d'une expression frappante).

Il s'ensuit qu'il faut avant toute autre chose jeter la lumière sur le problème que nous nous sommes proposé, c'est-à-dire rechercher de quels facteurs se compose la notion « parti politique », sans quoi le problème que nous devons étudier nous fuirait constamment au cours de ce travail et s'évanouirait dans les régions nuageuses de l'Inconnaissable.

Un coup d'œil sur la vie nous montre que le parti n'est pas plus une chose purement abstraite qu'il n'est simplement une assemblée d'hommes nombreux. Nous n'employons cette désignation précisément que lorsque ces deux facteurs sont en relation intime.

Encore voyons-nous « l'abstrait » presque toujours se fondre dans l'idée inspiratrice (comme la « liberté », la « pensée nationale ») ou dans la considération concrète des questions pratiques que suscite le développement de l'Etat (sans quoi le parti ne peut pas se nommer politique) déterminée justement par l'idée directrice du parti.

Selon que l'une ou l'autre est la caractéristique essentielle du parti, nous disons que les partis se sont formés d'après les points de vue « principaux » ou « pratiques » et nous voyons prévaloir les premiers ordinairement dans les pays latins et les derniers dans les pays anglo-saxons (exemple : en Angleterre jadis l'*Anti-corn-law-league* et le parti protectionniste ou en Amérique les partis qui demandent l'étalon d'or ou d'argent).

Et, tout de même que pour l' « abstrait », nous avons pour le « matériel » du parti deux moments à distinguer.

Le dépositaire des principes du parti est ordinairement un ensemble d'hommes, soit un peuple entier, soit une classe sociale, une confession ou simplement un groupe animé par la même idée.

Mais pour réussir comme parti politique, il faut bien que cet ensemble d'hommes se perfectionne et s'organise, qu'il fasse surgir des chefs qui le conduisent à son but, c'est-à-dire des orateurs, des organes représentatifs des forces qui dorment dans son sein.

Il est évident que le caractère de tel parti n'est pas le même dans l'état féodal que dans l'état constitutionnel de notre temps et que les forces ou la nature du parti sont toujours « fonction » au sens mathématique de l'atmosphère culturelle où il s'est développé.

Avant de pénétrer profondément dans l'histoire de l'évolution des partis les plus caractéristiques de l'histoire de l'humanité (re-

gardée comme facteur collectif), il faut analyser les susdits facteurs de la notion « parti politique » et les éclairer à la lumière de
l'évolution.

IV

Comme nous voulons suivre le développement des idées politiques (ou plus précisément encore des idéals politiques) nous tou-
chons là à un chapitre d'un ouvrage sociologique qui sera coordonné à l'actuel et intitulé : « De l'histoire du développement des
idéals humains. (1)

J'accorde que beaucoup d'hommes se soient préoccupés de l'idéal
plus sérieusement que ce premier ministre autrichien qui en a
donné plaisamment cette définition : l'idéal, c'est un but inacces-
sible. Mais l'opinion publique ne voit dans les idéals que des sortes d'étoiles du monde des esprits qui des cieux lointains étin-
cellent en clarté divine sur le fourmillement des hommes. Et de
même que les étoiles elles-mêmes (malgré les résultats de la
science moderne qui prétend que l'évolution règne sur le cosmos
comme sur la terre) sont considérées comme éternelles ou du
moins comme coexistantes au monde matériel; ainsi l'on voyait et
l'on voit encore dans l'idéal des catégories éternelles et im-
muables.

Ces catégories, indépendantes du développement de l'humanité,
en dehors de l'espace et du temps, illustrant la vie terrestre, mais
prenant leur racine ailleurs, vivent en complète indépendance de
la loi de causalité.

La même évolution spirituelle qui (comme j'ai essayé de le
montrer au commencement de ce travail) nous a fait concevoir le
droit et la morale comme de simples fonctions de l'évolution sociale, nous conduit à l'aperception scientifique des positions que
tous les autres idéals occupent en tant qu'organismes dans le
monde supraorganique.

Mais précisément, considérés du point de vue de l'évolution, ils
nous apparaissent singuliers et miraculeux. Aussi peut-on affirmer qu'il n'est point de recherches spéciales sur les phénomènes
du monde supraorganique qui puissent nous fournir des résultats
plus surprenants que l'étude de ces êtres naturels, qui, par les racines spirituelles des sentiments individuels et collectifs des hom-

---

(1) L'auteur a l'intention de traiter ce sujet dans un travail spécial en langue
allemande.

mes, augmentent leur force vitale en passant par tous les degrés de l'évolution du genre humain et élèvent leur couronne de gloire et de poésie aux sommets altiers de l'esprit, dans une atmosphère de pureté glaciale.

Essayons maintenant de nous éclairer sur leur vie et les phénomènes qui l'accompagnent et prenons à cet effet un de leurs représentants les plus caractéristiques, « l'idéal de la liberté », et suivons-le dans le cours de son développement.

Si nous le fixons résolument, nous ne tardons pas à nous apercevoir que nous ne pouvons parler de la liberté, tout comme des étoiles et de toute chose située hors du monde sensible, que comme d'une allégorie poétique. Le règne absolu, dominateur et irrésistible des lois de la nature n'admet même pas « la notion de la liberté » et nous ferons bien de baisser, « tout doucement », comme disent les Berlinois, avec la main sèche et désenchantée de la science tous ces drapeaux de la liberté que l'esprit humain y avait tendus comme des dehors brillants.

Le dogme chrétien d'après lequel Dieu a donné à l'homme la « liberté de sa volonté », c'est-à-dire son indépendance de la loi de causalité pour le distinguer des animaux, a été réfuté par la psychologie et la physiologie. Notre volonté suit la résultante de toutes les forces du corps et de l'âme qui la suscitent et qui sont elles-mêmes dans la dépendance de la loi de causalité.

Aussi bien nous faut-il, malgré tout, accepter l'idéal de la liberté sous cette forme chrétienne dans notre étude comme un *fait acquis* : la naissance de l'idéal de la liberté doit être cherchée ailleurs.

L'idéal de la liberté ne pouvait se former que là où il était possible de concevoir sa matérialisation, dans la vie sociale, avec la domination d'un homme par un autre, produisant une réaction par loi naturelle.

Remontant dans l'histoire du développement de notre genre humain jusqu'au temps où les premières hordes ou troupes d'hommes traversaient les forêts vierges, groupées par la main d'airain de cette loi naturelle qui leur permettait, grâce à leur union, de mener à bien le combat pour leur existence (et terrassait impitoyablement celui qui s'était isolé): nous nous trouvons dans un temps où l'idéal de la liberté n'avait pas encore fait son apparition et n'existait encore ni dans le domaine des idées ni dans la réalité.

Ainsi les combats entre les hordes elles mêmes, aussi longtemps qu'ils conduisent à la mort ou à la fuite des vaincus, n'y pouvaient rien changer.

Mais lorsque l'on commença à ne plus tuer l'ennemi vaincu, ni à l'offrir aux dieux en holocauste, suivant le rite sacré, mais que l'usage s'établit de l'emmener captif pour le forcer à travailler comme esclave : de ce jour, la division du travail et le progrès de la civilisation du côté des vainqueurs, le désir ardent de rompre ses chaînes, — premier germe de l'idéal de la liberté — du côté des vaincus, fêtèrent solennellement sa naissance.

L'idéal ne pouvait s'affirmer comme puissance spirituelle que lorsque cet élan impétueux vers la liberté devint un sentiment capable d'animer des foules innombrables; lorsque, par exemple, des masses de captifs, ou plus encore des tribus entières, se transformaient en classes d'esclaves et de corvéables.

Toute la détresse de cette existence misérable s'incarnait pour l'oppressé dans la contrainte qui pesait sur lui, dans le gardien qui le surveillait. Suivre sans entraves ses propres tendances de vie, échapper de sa géôle; cela lui apparaissait comme un but resplendissant, qui passait dans ses rêves entouré d'une auréole glorieuse; et bientôt les premiers hymnes de liberté montèrent vers le ciel.

C'est ainsi qu'au fur et à mesure de l'évolution, des formations sociales naissent concurremment avec de nouveaux moyens d'affranchissement; et, en compagnon fidèle, suit toujours l'évolution de l'idéal de la liberté.

Il s'ensuit que les gouvernants le regardaient toujours comme un support à enlever nécessairement à leurs adversaires dans la lutte des classes, — une lutte qui se poursuivait avec les armes spirituelles, c'est-à-dire la liberté de parole et plus tard la liberté de la presse, — la possession de ces éléments de liberté devenant une des parties intégrantes de notre idéal.

La religion comme régente des esprits devait chercher à les tenir dans son asservissement, de même qu'elle cherchait par intérêt immédiat à réduire toute impulsion de foi qui la contrariait. Ainsi prenait racine l'idéal de la liberté du culte qui portait également dans son sein l'idéal de la liberté de la science.

Par la suite, cet arbre verdoyant poussa de nombreuses branches fleuries d'idéal dans l'atmosphère plus pure des combats exclusivement spirituels. Conserver libre sa propre individualité dans son plein développement et épanouissement, un tel but pouvait bien apparaître à l'homme moderne dans une lumière aussi rayonnante qu'au chrétien des premiers âges le sentiment que sa conviction fût libre et que, par sa seule volonté, il pouvait éviter le péché et s'adonner à la vertu.

Le plaisir ardent qu'accompagnait l'épanouissement de la liberté (en partie d'origine physiologique) permettait à l'idéal de la liberté de se développer à part du combat social. Ce ne fut plus le fouet du bourreau qui désormais le menaçait, mais l'individu devait se tenir sur la défensive contre des adversaires qui venaient porter le combat sur le champ de bataille des idées : ainsi s'insurgea-t-il contre la théorie scientifique du déterminisme assujettissant la volonté humaine, affirmant que les masses sont soumises à une suggestion collective, et qu'il faut une pédagogie sociale.

Pendant ce temps, la liberté politique, qui fait le propre de notre étude, avait poussé de nombreux bourgeons.

La théorie sociale du mercantisme avait mis un frein au développement de la production : la liberté du commerce et de l'industrie devenaient à leur tour des idéals, le libre jeu des forces (en communauté avec la liberté constitutionnelle) fut célébré non comme un idéal coordonné aux autres, mais comme l'idéal principal du développement politique.

Sur ce terrain, naquit un adversaire non moins redoutable pour l'idéal de la liberté dans l'idée socialiste de notre temps, qui prêche l'organisation (et non l'anarchie) de la production, la solidarité (et non l'antagonisme des intérêts) entre les travailleurs.

Nous avons vu maintenant pousser les branches les plus variées de l'idéal de la liberté sous la multitude des formes les plus diverses : ce fut le rôle de la poésie, dans l'histoire, de glorifier tous les idéals, de les élever du niveau pratique dans la sphère sublime des idées, et, à ce sommet, de les concentrer dans l'enivrant idéal de la liberté suprême.

Ce fut ce grand idéal universel qui enthousiasma la jeunesse chez tous les peuples et qui, entretenu par la philosophie et la poésie, s'est élevé dans l'estime des hommes aux sommets divins des idées les plus grandioses.

Et, comme drapé dans la poésie, il redescendait de nouveau sur la terre, comme il volait des peuples délivrés à ceux qui languissaient encore sous le joug de la tyrannie ; partout cet idéal animait les hommes au combat, là même où il n'avait pas fait une apparition spontanée et autochtone, pour ainsi dire. De la sorte, il devint une puissance naturelle et bientôt atteignit à une existence propre et indépendante, à un pouvoir supérieur aux luttes sociales des classes chez les peuples qui l'avaient fait naître.

* * *

Guidés par l'exemple concret que nous avons choisi, nous pouvons aisément passer en revue les phénomènes vitaux et les phases du développement de l'idéal dans cette catégorie.

La vie de l'homme-individu, et même de groupes entiers, est la source de certains sentiments et instincts : tels les sentiments de déplaisir (produits par le contact de la réalité) qui font naître le désir ardent d'atteindre le sort entrevu dans un rêve fantastique.

En conséquence, par une influence spirituelle, ces formations psychiques perdent leurs particularités concrètes ; les phénomènes psychiques isolés se totalisent et se fondent en une nouvelle force naturelle, un organisme indépendant, surorganique, bien qu'issu de racines concrètes : l'idéal lui-même, dépendant de la loi de causalité, est lui aussi le résultat d'un enchaînement de conséquences et vient prendre une part active à la lutte des forces surorganiques.

Dans ses rapports avec la science, il lui arrive de rompre plus d'une lance. Mais les arts lui restent toujours des compagnons d'armes et de victoire fidèles et dévoués.

Dès lors, des idéals variés surgissent du sol nourricier de la vie sociale et s'étendent en véritables empires de l'esprit. Ils se font la guerre ou proclament leur fraternité.

Et tout comme les forces du monde inorganique, les tempêtes et les flots qui n'ont qu'une existence réelle sans prétendre à une mission surnaturelle; de même les idéals doivent apparaître aux yeux du spéculateur doués d'une vie réelle et autonome.

Il est illogique de parler de leur vérité ou de les traiter de faux et de trompeurs. Ils vivent, agissent et se développent ; ils règnent sur les cœurs, grâce à leur puissance sur les âmes, non par des motifs de superstition.

Mais, au regard du sujet que nous traitons spécialement, nous n'avons à nous occuper que de l'histoire de l'évolution des idéals politiques divers et à montrer dans quelle mesure ils sont la force impulsive qui détermine le cours des partis politiques.

V

Depuis la grande Révolution nous sommes habitués à entendre toujours citer, en même temps que la celui de « liberté », deux idéals dont l'évolution est pourtant complètement indépendante du premier; et de nos jours nous voyons inscrits au fronton des monuments publics de France les mots « égalité » et « fraternité » à côté du mot «liberté».

En tant qu'idées suprêmes de la démocratie moderne, ils ont conquis la première place parmi les idéals. Retraçons le cours de leur développement.

Pareillement à celui de la liberté, l'idéal de l'égalité naquit aussi d'une réaction psychologique contre les classes dirigeantes ou d'une manière plus générale, contre le principe d'une différenciation, dans la communauté sociale entre les membres dirigeants et les dirigés.

Tandis que la liberté se tournait contre ceux qui exerçaient le gouvernement, l'idéal de l'égalité s'élevait contre le fait même de la domination des uns par les autres, contre l'inégalité même des conditions parmi les hommes.

Néanmoins, nous trouvons de longues périodes dans l'histoire (par exemple dans les Indes), où malgré l'inégalité la plus frappante, regardée alors comme indispensable et ordonnée par les dieux, l'idéal de l'égalité ne peut pas naître.

Ce sont là, en tout cas, des temps d'une tranquillité absolue, d'inactivité sociale et souvent aussi spirituelle ; et il se pourrait qu'une force spirituelle (comme le dogme chrétien que tout homme soit fils de Dieu), fraie le chemin à l'idéal de l'égalité. Mais bien plus décisif encore pour son développement est l'ensemble des questions de la statique et de la dynamique sociales.

Lorsque la formation sociale de la société reflète fidèlement la répartition de ces fonctions qui sont la charge administrative de l'Etat et la vie spirituelle d'une communauté, lorsque le groupe qui exerce les fonctions les plus nécessaires et les plus précieuses pour l'Etat est aussi la classe dominante (ainsi les guerriers constituant la noblesse à l'époque primitive chez tous les peuples et, au moyen-âge, l'influence ecclésiastique sur les consciences), alors l'idéal de l'égalité a bien de la peine à se faire jour. Mais, dès qu'une classe déchue de ses fonctions par suite de changements dans l'histoire, cherche néanmoins à conserver sa position dominante, bien que son existence soit regardée comme parasitaire et superflue (ainsi la noblesse au dix-huitième siècle qui faisait accomplir les fonctions de juges et d'officiers par des gens à sa solde, qui bientôt la supplantèrent), alors l'idéal de l'égalité reçoit une poussée irrésistible. Alors il ne s'empare pas exclusivement des masses populaires, mais aussi de cette nouvelle classe qui, appelé par les fatalités de l'histoire à inaugurer son empire, remplit déjà les fonctions décisives, quoique sans posséder encore leur corrélatif, c'est-à-dire le pouvoir dans l'Etat (au dix-huitième siècle c'est la bourgeoisie).

De notre temps nous assistons à un processus analogue.

La bourgeoisie, c'est-à-dire la classe des producteurs indépendants, a atteint le pouvoir ; la classe qui conduit la vie économique est devenue la première au point de vue social, les représentants bourgeois de l'idéal de l'égalité ; les anciens démocrates ont ainsi, dans la plupart des Etats Européens, perdu leur influence si bien que les mêmes hommes dont les aïeux ont versé leur sang sur les barricades en arrivent à se moquer des aspirations à une égalité qui menacerait leur propre position. L'idéal puisera alors de nouvelles forces dans le développement social.

A ce moment, une nouvelle classe, le prolétariat, qui travaillait pour le salaire, a atteint sa maturité spirituelle, a acquis conscience qu'elle était productrice de tous les biens. Mais ses aspirations égalitaires devaient rester dans le domaine des utopies, tant que l'autre classe dirigerait la production et exercerait ainsi une fonction supérieure au travail physique.

En dernier lieu, une nouvelle phase d'économie sociale semble se préparer en Amérique, où la direction technique et commerciale de la production est confiée aux employés des grandes associations économiques (cartels et trusts, sociétés d'actionnaires) c'est-à-dire à des travailleurs salariés, quoique leur travail soit intellectuel.

A mesure que cet état de choses se répand, la bourgeoisie se contente de consommer ses rentes et dividendes, sans produire des valeurs équivalentes, devenant ainsi, de plus en plus, une classe régnante de parasites. En même temps, doit s'élever dans les rangs des masses de travailleurs l'idéal de l'égalité, en présence du désaccord entre leur importance sociale et leur position. Cette puissance doit cette fois devenir réelle et irrésistible. Et ainsi nous retrouvons, dans la démocratie du temps présent, tous les traits caractéristiques au point de vue combatif de la démocratie bourgeoise de 1789.

Nous pourrions bien citer encore d'autres exemples et nous arriverions toujours au même résultat : l'idéal de l'égalité en opposition à la situation privilégiée de ceux qui remplissent les devoirs les plus nécessaires et les plus précieux, et en opposition aussi à une formation de la société basée sur les valeurs réelles des individus; ce qui reste toujours l'utopie d'un petit groupe. Par contre, cet idéal devient tout puissant dès qu'une classe devenue « superflue » et a perdu son importance sociale tâche néanmoins de conserver ses priviléges et sa position prédominante. Ainsi l'idéal de l'égalité ne peut pas prétendre d'être accepté unanimement ni reconnu par toutes les conditions sociales; il le sera seulement lorsque grâce au développement social, il pourra aspirer à la victoire.

Et pourtant l'histoire nous montre, que cet idéal aussi a acquis une vie propre, qu'il peut utiliser comme force vivante, (avec l'aide de la poésie et de la philosophie) pour influencer le développement social; comme sans doute les tendances démocratiques du christianisme ont contribué à faire tomber l'esclavage; comme les besoins égalitaires de la bourgeoisie ont contribué à l'émancipation des paysans restés eux-mêmes complètement inactifs en quelques pays.

Mais, en dehors du terrain réel de son développement, il perd une partie essentielle de sa force vivifiante. L'égalisation des races de couleur, par exemple, n'est garantie que bien imparfaitement chez les peuples même tout à fait démocratiques; où le fait de l'infériorité réelle et évidente se montre plus fort que l'idéal importé.

Enfin, sur le terrain exclusivement spirituel, nous voyons l'idéal de l'égalité concentrer des rayons de plus en plus grands dans son impératif catégorique. Il exige, dans la conception d'un grand nombre d'esprits, l'égalisation de toutes les races et de tous les peuples, la disparition de toute distinction de classe entre les individus; même il existe quelques esprits doués d'une sensibilité exquise qui éprouvent un vif déplaisir, non seulement à la vue du traitement infligé aux races inférieures de l'humanité, mais aussi de celui subi par les animaux.

Il est donc évident que la poursuite logique de l'idéal de l'égalité devrait marcher dans cette voie. La science moderne a abattu la barrière principale entre l'humanité et les animaux et a fait apparaître du moins comme douteuse l'affirmation qu'il y ait plus loin de l'animal au premier homme que de l'homme le plus bas jusqu'au plus civilisé.

Comme il serait difficile de trouver une raison logique pour borner l'idéal de l'égalité justement à la limite des races humaines inférieures, et comme, d'autre part, la doctrine darwiniste nous montre qu'il serait contraire à la nature de renoncer à la position culminante que l'homme s'est conquise dans la lutte pour la vie; nous sommes menés de nouveau à la conception de la relativité de cet idéal comme de tout autre, et voilà qu'il nous est possible de secouer l'impératif catégorique que cet idéal exerce sur tant d'hommes de notre temps.

L'avenir nous apprendra si l'idéal de l'égalité est destiné à exercer un empire prépondérant sur l'esprit de l'homme futur, ou si ce n'est pas plutôt l'aristocratie, au sens helléniste, l'empire des meilleurs, qui apparaîtra supérieur.

Sans nous perdre avec Nietsche dans l'utopie d'une évolution spéciale de quelques êtres surhumains, (sans la foule innombrable qui suit leurs traces, ils devraient toujours retomber), nous devons pourtant reconnaître, dans la direction des foules attisées par le génie qui est issu d'elles, et dans l'anéantissement des éléments du genre humain qui sont incapables de développement et en conséquence ne font que le retarder; nous devons reconnaître là la seule modification applicable à l'humanité du principe de la nature, qui, dans le « survival of the fittest », crée un levier immense, le plus puissant, au dire de grands esprits, de l'évolution entière.

Envisageons maintenant le troisième des idéals suprêmes de la grande révolution, la « fraternité », ou d'une manière plus précise, la « solidarité ».

****

Faite de même sorte que la pensée nationale, qui semble être loin de la question, cet idéal trouve aussi son origine, d'un côté dans la conviction instinctive d'une homogénéité congénitale, de l'autre côté dans la communauté des intérêts, des sentiments des hordes humaines au commencement des temps, lorsque les individus se réunissaient pour former une tribu (condition indispensable à la lutte terrible pour la vie) et cette union se reflétait dans le sentiment de solidarité qui animait également tous les partisans d'une même tribu.

Plus tard, nous voyons les tribus s'unir entre elles à leur tour pour former un peuple, et voici le moment où notre idéal grandissant devient « pensée nationale ». La civilisation de plus en plus avancée nous mène alors (avec l'appui de la doctrine chrétienne qui fait de tout homme l'enfant véritable du Dieu suprême) à l'idéal de la solidarité appliquée à l'humanité entière, que nous voyons aujourd'hui en antagonisme avec les idéals nationaux.

L'évolution combat avec ses armes invincibles du côté du premier, et la période des idées nationales (quoiqu'elles aient fait une besogne considérable en effectuant la différenciation de toutes les branches de la civilisation et leur répartition selon la division du travail) semble devoir céder le pas à une période de combat de l'humanité unifiée contre la nature et ayant pour prix de la victoire l'empire sur les forces secrètes de l'univers, qui sera le résultat d'une culture générale synthétique.

Quelques esprits d'élite sont en route, pour atteindre un degré encore plus avancé de cet idéal : la conception de l'union harmonieuse de l'être disgracié, petit et chétif avec la nature grandiose considérée comme sa partie intégrante, et, par suite, l'idéal de la solidarité étendue sur l'univers entier, l'idéal de l'union harmonieuse du cosme grand et majestueux.

Quant aux contradictions et aux obstacles rencontrés par cette évolution, nous les avons déjà signalés en étudiant la ligne parallèle du développement de l'idéal de l'égalité.

Pourtant, l'idéal de la solidarité paraît avoir plus d'avenir et ne pas être lié à l'idéal de l'égalité ; parce qu'on peut concevoir, outre la solidarité entre termes égaux, l'intégration organique et par suite la solidarité entre termes inégaux et, en ce sens, (perfectionnement et éducation de races inférieures au lieu d'estimation égale de ce qui est inégal en réalité) l'idéal d'une solidarité de l'humanité entière peut bien encore mener certains partis politiques à de victoires concrètes. L'idéal de l'unité harmonieuse de la nature (joint à un empire de plus en plus large sur ses forces de la part de l'esprit représenté par le génie humain) peut bien devenir aussi l'étoile vers laquelle les esprits les plus sagaces se dirigent.

Les idées religieuses ont atteint une importance considérable, soit comme idéal politique soit comme éléments contribuant à le former.

Les religions naturelles aryennes avec leur déïfication naïve des phénomènes naturels (le dieu du tonnerre) et des idées humaines (la déesse de la beauté) se tenaient loin de l'agitation des partis. Mais les trois religions sociales, que l'esprit des sémites faisait naître, se mêlaient complètement (avec une influence néfaste ou propice) non seulement dans le développement des esprits, mais au si dans l'évolution politique ; et l'idéal de la religion israëlite (la justice), celui de la religion chrétienne (la charité) et celui du mahométisme (l'empire du monde) atteignent une influence énorme.

L'évolution chrétienne surtout fait naître quelques idéals étranges et d'un intérêt remarquable : le premier siècle du christianisme produisit l'idéal chilliastique (le retour de Jésus-Christ comme roi d'un empire divin où régneraient l'amour et la justice) qui se reproduit au deuxième et au trois ème siècle dans la légende d'un jugement dernier et d'un empire divin au ciel, mais qui trouve la résurrection de toutes ses idées essentielles dans le socialisme utopique du dix-neuvième siècle. Cela engendre aussi (par le mariage forcé de l'idéal de la charité chrétienne avec l'idcle de la force vigoureuse des anciens Germains) l'idéal de la chevalerie du moyen-âge. Plus tard survinrent, comme réaction contre le renouvellement du paganisme, (comme l'adoration des saints fêtés par l'église catholique avec toute la beauté sensuelle des anciens) les idéals de la Réforme. qui remplaça tous ces patrons par un dieu seul, purement spirituel, d'où jaillissait l'union des profondeurs les plus intimes de l'âme humaine avec ce dieu-là, son idéal suprême.

Le passé le plus récent, enfin, a dénoué un problème aux conséquences les plus graves qui — bien que purement spirituel — est de l'importance la plus radicale pour la vie politique. C'est la question de savoir si nous assistons maintenant en France et aussi en d'autres pays à l'agonie des idéals religieux.

Un examen objectif des faits réels ne peut pas ne pas faire voir que la lutte entre la nécessité logique de l'investigaion (par exemple la confrontation scientifique de la Genèse de Moïse) et la nécessité psychique d'une religion, c'est-à-dire d'une élévation de pensée au-dessus des besoins de chaque jour, de ses petites misères et de ses futilités, ne peut pas trouver sa solution dans l'écrasement de l'une par l'autre. Une solution satisfaisante et harmonieuse de ce problème ne peut être espérée que d'une synthèse, de façon que, des résultats de la science elle-même (comme la théorie de la descendance), poussent de nouvelles valeurs psychiques, germe pour chaque individu une nouvelle union harmonieuse avec l'univers entier, et se détermine une direction, d'après laquelle l'homme peut régler ses sentiments, sa volonté et ses actions au-dessus de la sphère des instincts, c'est-à-dire d'après une religion nouvelle.

Alors, dans le cas présent, l'idéal religieux semble ne pas être destiné à se faire refouler, mais s'élever à un degré plus haut de l'évolution.

Le cours de l'histoire nous montre encore une suite d'exemples dans lesquels les intérêts des groupes divers et les buts où ils tendent sont vantés par leurs adeptes comme des idéals (ainsi l'attachement à la dynastie, la légitimité des monarques, qui se créent de telle façon une garde spirituelle aussi protectrice que leur garde du corps permanente), le droit du bon vieux temps, vanté par les aristocraties dont les privilèges sont menacés par le cours de l'évolution et certaines formes constitutionnelles vantées par ceux auxquelles elles procureraient les premières places dans l'Etat.

Plus intéressant est l'idéal de la démocratie (Aristide et Robespierre), qui dans son œuvre, est sans doute le plus en flagrante opposition avec la morale immorale de la seigneurie aristocratique.

L'idéal le plus jeune, mais qui donne le plus d'espérances, c'est l'idéal de l'évolution, c'est-à-dire de l'élévation du genre humain à la conception spirituelle des lois naturelles et à l'empire matériel sans limites sur les forces de l'univers entier.

VI

Ayant traité, au cours de notre travail, le développement des idéals politiques, nous parvenons maintenant à l'examen de la manière dans laquelle les idéals deviennent les forces vivifiantes, les étoiles puissantes des partis politiques.

L'état de choses est moins compliqué lorsque l'idéal naît dans la classe humaine qui produit le parti lui-même, lorsque l'idéal et le parti grandissent et se déployent en frères jumeaux.

C'était ainsi en Allemagne dans la première moitié du dix-neuvième siècle.

La tragi-comédie de la multitude des Etats secondaires minuscules fit ressentir ardemment à tous les esprits supérieurs l'avilissement de l'Allemagne, et leur fit concevoir comme idéal suprême de voir de nouveau leur patrie unie et puissante.

L'organisation de tous ceux qui furent inspirés des mêmes sentiments et qui se ranimaient aux mêmes rêves enivrants fit en sorte que le parti national fut joint à cette évolution psychique.

L'idéal fut l'étoile du parti et, en son milieu spirituel, il puisait toute sa vitalité: un contact perpétuel de l'idéal avec la réalité y régnait.

Le nationalisme des étudiants allemands du présent en diffère beaucoup.

On n'aperçoit presque rien qui, dans l'état actuel, puisse faire présager, à cet égard, un nouveau parti national. Mais l'idéal national comme être surorganique d'une existence indépendante, exerce, néanmoins, soutenu par la tradition, par la poésie et par mille coutumes auxquelles il est joint indissolublement, une influence suggestive sur la jeunesse studieuse de l'Allemagne, qui est facilement en proie à des émotions enivrantes ; c'est un facteur complètement indépendant des partis et exerçant son pouvoir en dehors d'eux.

Ce facteur perd aisément, arraché du terrain psychique qui l'a produit, toute élasticité et force vitale. Il passe par un processus de pétrification idéale, devient immuable, s'identifie avec des phrases qui ont perdu leur sens, avec des signes et des emblèmes qui passent pour devenir le but de l'agitation totale.

Il est donc probable que l'idéal devenu fétiche, reste encore assez longtemps un facteur encombrant qui ne fait que retarder l'évolution de la civilisation, jusqu'à ce qu'un effort des esprits vigoureux l'anéantisse.

L'évolution a produit aussi une suite d'exemples qui offrent à nos yeux des formes variées, des relations entre l'idéal et le parti. Les mouvements des partis peuvent même déterminer des impulsions d'une telle vigueur que des idéals se forment qui sont capables de vivre sans aucune relation avec la vie réelle. Ainsi dans les combats politiques des ouvriers autrichiens, le suffrage universel est quelque chose de plus qu'une arme dans le combat pour un but matériel, il est un symbole d'égalité comme facteur politique; il est plus cher au cœur de l'ouvrier que même des succès réels plus importants au point de vue pratique; il s'est élevé, à son propre regard, aux sommets purs et lumineux de l'idéal.

Sur un autre terrain, dans le parti des agrairiens en Prusse, nous

voyons comment un groupe politique formé, exclusivement par les
intérêts matériels des propriétaires et des paysans, que l'évolution
sociale menace dans leurs positions, soigne attentivement l'idéal
national; comment il le fait paraître à ses adversaires comme la force
impulsive de leur parti, pour s'entourer ainsi d'une facile auréole,
comment il l'emploie pour inspirer et entraîner la foule nombreuse
de ses électeurs; comment, en un mot, il abuse de l'idéal, pour raison tactique, comme d'arme dans le combat politique.

Un phénomène bien étrange se produit dans l'évolution des partis démocratiques de notre temps.

L'idéal de la liberté est devenu le levain de cette agitation du
peuple qui voulait rompre les chaînes dont la féodalité l'avait
enserré, « le droit » pouvait devenir l'idéal d'un « tiers état » qui
voulait abolir les privilèges « injustes » (parce que dépassés par l'é-
volution des classes). Mais ces idéals s'étaient empreints, dans
l'âme des générations du peuple, si profondément qu'ils devenaient
inséparables de toute agitation consécutive, quoique des impulsions hétérogènes pouvaient bien les ramener dans des directions
essentiellements différentes.

Le parti des ouvriers socialistes de notre temps bataille pour cet
idéal de liberté, malgré qu'il n'aboutisse en réalité qu'à remplacer
par « l'organisation du travail » comme par une institution plus
avancée, la *liberté* économique, à rompre en visière avec le
« droit » historique, afin de permettre à un droit nouveau de dé-
ployer ses branches sur un terrain neuf.

Je conviens bien que les masses imposantes des ouvriers aient
la persuasion de n'exiger que leur droit absolu en réclamant un
salaire plus large, bien que nul législateur n'ait jamais institué ce
droit et que l'esprit de l'époque capitaliste exige plutôt pour les
entrepreneurs le « droit » de gagner, de réaliser une « plus-value ».
Un esprit plus avancé peut se sentir appelé à combattre pour le
« droit » de l'époque sociale de l'avenir contre le droit devenu
« injustice » du temps présent. Mais tout ceci n'empêche que, malgré l'adoption insensée d'un idéal accepté comme héritage, le socialisme soit destiné à nous procurer la nouvelle époque d'économie sociale et de civilisation par le glaive inexorable de la nécessité historique, remplaçant les tablettes sur lesquelles le dieu d'Israël avait gra-
vé ses lois. L'on ne peut, en somme, parler d'un droit social qu'après
sa victoire, lorsque sur la terre promise de l'avenir, défrichée par
la violence, des normes de droit nouveau auront poussé et se
seront érigées en pouvoir absolu.

Il y a un autre problème important à examiner au cours de ce travail : la question de savoir si la science elle-même est capable de figurer comme l'idéal vivifiant d'un parti politique ; en un mot si la politique peut devenir de la science appliquée.

Beaucoup d'arguments militent en faveur de la véracité de cette thèse ; et un parti qui compte dans ses rangs des esprits élevés a cru longtemps être l'incarnation de la science, en se baptisant soi-même le socialisme « scientifique ».

Malheureusement il oubliait que la science peut bien nous donner une image fidèle de la répartition des intérêts; qu'elle peut nous faire concevoir dans quelle direction une époque de l'histoire pourrait vraisemblablement se développer; et voilà la raison qui pourrait bien faire qu'elle exerce toujours une influence considérable sur le choix d'un parti par l'individu et sur la direction et la tactique des partis eux-mêmes. En somme, les différences des intérêts et des sentiments individuels pourront bien continuer de mener à des partis politiques différents quoique les convictions scientifiques soient égales.

On peut être complètement d'accord sur la nécessité de la défaite des petits artisans dans leur lutte contre la grande industrie, mais agir différemment dans la pratique. Si on appartient soi-même à la classe menacée, on soutiendra ce parti qui tâche de retarder l'évolution nécessaire par des mesures législatives et de procurer du moins à la génération présente la possibilité de vivre; tandis que l'industriel et l'ouvrier de la grande industrie agiront d'après la devise: « ce qui est destiné à mourir doit mourir le plus vite possible ! »

Aucune doctrine scientifique ne saurait nous contraindre à agir contre notre propre intérêt, parce que justement cet « absolu » qui passait par-dessus les intérêts et le libre arbitre des individus n'existe plus depuis que les règles inflexibles de la religion ont disparu de la conscience moderne.

Dans un seul cas, la science a la haute main sur la direction du parti : dans le cas de tous ceux qui ont pris une décision en toute liberté et qui ne se sont décidés que par le plaisir de se trouver sur un échelon plus avancé du développement social et d'un parti qui, se sentant l'instrument du sort, ne combat plus que pour le progrès de la civilisation ; pour ces esprits d'élite la science éclairera bien le chemin de l'évolution de la civilisation et donnera à l'idéal de l'évolution une forme concrète. Pour le parti le plus avancé au devant de l'avenir, le progrès des sciences ne sera plus seulement le but suprême, mais la science elle-même deviendra le pilote infatigable.

VII

Dans l'introduction de ce travail, nous avions cité comme partie
intégrante de la notion du « parti politique », l'idée impulsive et
nous l'avons traitée dans les trois chapitres précédents. Quant à
maintenant, nous avons à nous occuper du second élément essentiel du parti, l'étude des questions politiques concrètes.

C'est là un problème sociologique d'une importance et d'une
profondeur étranges, qui se déroule à nos yeux. Qu'est-ce en effet
que la question politique qui se trouve à l'issue de chaque combat
des partis, lorsqu'on l'examine au point de vue de l'évolution ? en
quelle circonstance pouvons-nous en parler ? Quels sont les facteurs sociaux desquels elle peut dériver ? Au cours de cet examen,
nous aurons l'occasion de concevoir la question politique elle-
même à un nouveau point de vue sociologique. Elle est au même
rang que ces notions qu'on ne tâche guère d'analyser théoriquement parce que tout l'intérêt qu'elles portent en elles est concret,
parce qu'on ne considère que la question agitée dans le monde
matériel, mais jamais la situation qu'elle occupe dans le monde
surorganique.

Voilà l'origine de la divergence profonde qui sépare les points
de vue auxquels nous jugeons la question politique de notre propre
pays, et ceux auxquels on considère non seulement l'histoire du
passé, mais aussi la question politique des Etats futurs.

Tandis que, dans ce dernier cas, on examine ce qui est naturel,
les conflits sociaux et les questions politiques concrètes en rapport
intime avec les forces historiques dont ils dépendent ; lorsqu'on
les considère aussi nus et décolorés que possible, comme de simples faits naturels (ou bien aussi comme poète ou homme senti-
mental, au point de vue de l'individualité pensive) la question
politique de la propre patrie magnétise l'esprit. On prend parti
pour ou contre, et la discussion de la question provoque des émotions et agite les âmes. On la regarde comme dominant les questions individuelles, et, au lieu de la disséquer froidement et de
l'analyser, on en subit l'ascendant.

Tachons plutôt de concevoir théoriquement la nature de la question politique telle qu'elle apparait au point de vue de l'évolution
humaine.

Il est évident que chaque question politique amène un conflit
dans lequel s'entrechoquent les intérêts et les doctrines différentes,
c'est-à-dire des êtres divers du monde surorganique. Mais il n'est
pas seulement question du contraste latent.

Prenons pour exemple la situation opposée des industriels et des agriculteurs de l'Allemagne qui prélèvent des surtaxes sur le blé relativement élevées et qui sont contraints d'agir ainsi par leurs intérêts vitaux. Pour aussi longtemps que des traités de commerce avec les puissances principales soient assurés, on peut néanmoins discuter théoriquement, engager des partisans, fonder même une organisation dans le sens de l'opposition.

Mais il n'y a pas encore là de question politique. La situation est tout autre dès que les traités de commerce ont échoué, ou que leur résiliation est à la portée des calculs politiques. C'est à ce moment que le développement naturel peut choisir entre deux sortes de directions divergentes.

Les douanes sur le blé peuvent être diminuées, supprimées ; l'agriculture peut être écrasée par la concurrence transocéanique ; l'Allemagne peut devenir un Etat industriel avec une distribution des richesses bouleversée à fond, avec de nouvelles classes prépondérantes et avec une psychologie totalement différente des temps précédents; malgré cela, des surtaxes élevées arrêteront cette marche au moins pour la génération présente et les agriculteurs, resteront la classe régnante de l'Etat, comme remplissant la fonction la plus importante.

Ainsi nous voyons, à l'opposite l'une de l'autra, deux voies de l'évolution sociale entièrement différentes, avec une chance égale pour les deux de voir le sort se prononcer en sa faveur. En fait, le résultat sera amené par les efforts plus vigoureux d'un parti ou de l'autre: telle est la racine de la « question politique ».

Ou bien, en cherchant une conception plus vaste, s'il résulte du cours de l'histoire, que de la base fournie par les conditions sociales présentes peuvent découler plusieurs raisons de controverse, et si leur choix est lié indissolublement à des conceptions et des intérêts contraires ; alors le phénomène sociologique que nous appelons « parti politique » a pris naissance. A ce point de vue, on se représente les partis en présence comme des incarnations des lignes de l'évolution s'entrecroisant sans cesse : soit que deux tendances différentes appartenant néanmoins à la même conception supérieure s'entrecroisent (par exemple la nécessité logique du raisonnement et la nécessité psychique de la religion); soit qu'une tendance économique et une tendance psychique se heurtent (par exemple la supériorité des grands magasins, jointe aux intérêts personnels de leurs propriétaires à l'égard des moyens de défense incomplets de la foule des petits commerçants qui croient avoir trouvé un moyen d'arrêter leur dévoloppement par des impôts sur les grands magasins); ou bien, enfin, une tendance de l'évolution, qui n'est que supposée en théorie, mais impossible en réalité, et en combat une autre vivante (c'est la dissolution de toute organisation pour procurer la liberté et l'isolement de l'individu, dans le sens anarchiste, contre la puissance grandissante de l'organisation sociale, qui est en pleine voie de prendre la direction de la production d'après un plan méthodique et réfléchi du développement de la culture, dans le sens socialiste).

D'un examen détaillé des questions politiques détachées, nous obtenons, comme premier résultat, leur division en questions de principe et en controverses pratiques, lesquelles s'occupent exclusivement du monde réel et concret.

Quant à ce dernier, la question concrète y est liée indissolublement à des opinions et des intérêts en opposition ; des phénomènes isolés apparaissent ainsi soudainement.

Mais, quant aux premières, la question politique concrète n'y est que le champ de bataille et l'objet de la lutte entre des forces spirituelles antagonistes qui existaient déjà longtemps auparavant.

La division, en ce qui concerne les opinions et les intérêts du conflit est moins tranchée, bien qu'on puisse croire que ces derniers exercent l'influence la plus décisive, parce que l'opinion elle-même devient, au cours de la lutte, (en se dévoyant dans le sens de l'amour propre) un intérêt personnel; et, de plus, la même question politique peut très bien être envisagée par quelques groupes de citoyens au point de vue des opinions, et par quelques autres à celui des intérêts opposés. De telle sorte, que le problème de la surtaxe sur les blés, dont nous parlions, fut traité par les industriels et propriétaires d'après leurs intérêts particuliers, et par les professeurs de l'université (profondément engagés dans cette lutte des idées), qui ont été amené à discuter si l'union intime de l'agriculture et de l'industrie dans l'Etat ne serait pas préférable pour la prospérité de la nation.

*
* *

Analysons encore à titre d'exemples quelques questions politiques concrètes que l'histoire de l'humanité nous fait apparaître.

Dans l'antiquité, nous examinerons une partie très intéressante de l'histoire d'Athènes: la question politique débattue au quatrième siècle avant Jésus-Christ, alors que la faction d'Eschine recommandait la jonction avec la Macédoine pour fonder un grand Etat hellénique, tandis que Démosthènes, dans ses fameuses « Philippiques » plaidait la liberté des petites républiques isolées de la Grèce.

D'autre part, intervenaient les grandes traditions d'un passé glo-

rieux et la soif d'indépendance des Athéniens. Du côté de ses adversaires,il y avait la nécessité logique d'un développement naturel,
la fusion de petits états isolés en une grande puissance, l'extension
de la cu'ture, l'idée autocratique du pouvoir sans contrôle et d'une
gestion des affaires bien administrée et stable, et enfin, par dessus
tout, l'or répandu à profusion comme moyen de corruption, avec
les menaces des soldats victorieux comme moyen d'intimidation.
C'est alors que nous voyons l'assemblée populaire des Athéniens
chargée de la solution d'une question politique, qui s'est formée
de l'opposition de deux tendances de l'évolution. Au fond, cette
question a beaucoup de ressemblance avec le problème que les
petits Etats de l'Allemagne avaient à résoudre lorsqu'ils devaient
renoncer à leur liberté régionale et à leur indépendance (quoique
le facteur *national* soit essentiellement différent dans les deux
cas). Le problème est analogue à toutes les questions politiques de
l'histoire universelle dans lesquelles la liberté et l'impérialisme
sont en contradiction; c'est-à-dire deux époques historiques, une
culture extrêmement avancée dans la voie de l'idéalisme et la
tendance à aller vers le parti qui a le plus d'avenir. On connaît la
décision prise : elle fut la même dans les deux cas. Le parti autonome eut le dessus à Athènes, comme à Dresde et à Munich ; mais
le principe de la grande puissance triomphait sur le champ de bataille, comme ailleurs ; et à Chéronée comme à Kœniggratz il fou-
droyait ses adversaires conservateurs régionaux et créait deux
grands Etats, l'Allemagne et la Macédoine, qui remportaient les
triomphes ordinaires aux grandes puissances méthodiquement
gouvernées et produisaient des éléments grandioses de culture
morale, soit pour la civilisation du monde entier (hellénisme) chez
les anciens, soit, dans les temps modernes, pour la patrie politique
elle-même.

Plus spécialement, l'exemple athénien nous montre une question
politique, dans laquelle le talent supérieur et l'idéalisme plus pur
(Démosthène) sont d'un cô'é, mais la logique de l'évolution naturelle et la victoire définitive de l'autre. Tout autrement, et moins
concevable pour un homme moderne, se présente la grande question po.itique du moyen-âge, la lutte entre l'idée de l'empire universel sur les âmes et celle d'un pouvoir illimité sur le monde matériel, qui dominait dans la fameuse querelle des investitures entre
le pape et les empereurs d'Allemagne.

D'un côté, la possibilité du développement du pouvoir absolu
d'après le principe féodal (symbolisé dans la royauté) et, à supposer
que les évêques soient devenus aussi des vassaux comme les autres
chevaliers, le pouvoir de l'idéal guerrier serait devenu sans borne.

L'idée de charité, cette idée sublime et immortelle aurait disparu; le dernier vertige de la culture spirituelle des anciens aurait été effacé et la barbarie avec toute ses horreurs aurait menacé l'Occident.

De l'autre côté, le papisme luttait aussi comme gardien de la langue latine et des trésors spirituels qu'il avait reçus en héritage de la civilisation antique avec ses traditions spirituelles et morales.

Le désir impétueux et irrésistible des hommes vers quelque chose qui les élève au dessus des misères quotidiennes, l'instinct naïf des paysans, qui supposaient y trouver la justice et l'assistance contre les empiètements de la chevalerie, furent ses alliés principaux. Les cités puissantes de l'Italie luttaient, de leur côté, pour la défense des mêmes idées parce qu'elles étaient imbues des mêmes traditions d'opposition à la tyrannie de la féodalité allemande. Avec toutes les caractéristiques du moyen-âge, le combat fut mené avec des armes étranges: les foudres de l'excommunication, les tressaillements et les horreurs du monde surnaturel combattant contre les glaives d'une aristocratie féodale dégagée de tout scrupule et fermée à toute culture intellectuelle. Le résultat est connu.

Le principe spirituel, l'Eglise et les traditions de la culture antique étaient victorieuses de la force brutale et domptaient la féodalité allemande et les empereurs.

Et pourtant la force du pouvoir central, à cette époque, fut trop grande. En temps de paix, n'étant rien qu'un autre pouvoir féodal, l'Eglise se rabaisse presque au niveau des puissances laïques, et, au quinzième siècle, la culture des anciens, renaissant dans toute l'Europe, trouvait précisément dans l'Eglise son adversaire.

Considérons maintenant une question politique de notre époque, la question dite « sociale », la plus difficile et la plus importante qui se soit jamais offerte à l'humanité. On l'a appelée tour à tour une question politique, économique, morale, religieuse; on l'a appelée une question de pouvoir ou de droit. En réalité, elle se forme d'un entrelacement des lignes d'évolution de ces différentes questions.

C'est là, dans son essence, le combat de la grande industrie travaillant avec des machines contre les petits artisans ; menaçant de ruiner la classe moyenne qui formait jusqu'ici le fondement de l'Etat. De son côté, la tendance à la concentration des grandes exploitations (cartels, trust) qui opposent l'exploitation uniforme par l'Etat, comme but du développement économique au passé tout entier de la production, qui a toujours été le fait d'individus indépendants.

L'exclusion de toute participation individuelle à la propriété des moyens de production en est la conséquence ; ainsi que son remplacement d'abord par une propriété individuelle essentiellement fictive (actions) et plus tard par la propriété collective (de la communauté).

A côté de cette évolution économique, nous voyons la révolte d'un peuple qui a atteint sa maturité spirituelle contre les inégalités du temps présent, et contre son organisation même par le procédé de concentration des grandes industries.

Enfin, nous apercevons de nouveau un groupe de forces spirituelles opposées l'une à l'autre : la défense légitime des artisans contre les intérêts pécuniaires des industriels, puis la défense légitime de ces derniers contre le penchant révolutionnaire du prolétariat, contre son exigence d'une expropriation des capitalistes en faveur des masses productrices; nous voyons suivre, enfin, l'Etat comme émanation des classes régnantes, puis l'Eglise qui tantôt agit dans le même sens, pour défendre ses prérogatives et tantôt défend la classe ouvrière, lorsqu'elle se souvient de ses traditions démocratiques et sociales. Tantôt elle agit, grâce aux puissances sorties victorieuses du combat, pour servir son ambition et sa soif de pouvoir illimité; tantôt elle s'identifie avec le moyen-âge en déclin, comme dans le cas des artisans menacés par le cours de l'évolution. Nous voyons surgir mille théories morales, mille systèmes de droit en présence, et les puissances spirituelles se rencontrer soit pour se jeter dans la mélée des partis, soit avec la prétention d'en rester éloignées.

Il s'ensuit que nous avons à concevoir aussi la question sociale comme combat entre plusieurs phases de l'évolution, si bien qu'à cause de l'influence des phénomènes économiques et de la marche des idées, il est presque impossible de prédire la résultante de ces dernières.

Pourtant, le fait que la grande industrie tend à s'annexer les industries détachées, et à vaincre par là ses adversaires, les simples artisans et la libre concurrence ; par cette raison, l'expropriation des propriétaires en faveur de l'Etat apparaît comme le but de l'évolution économique. Ainsi cette évolution affaiblit chaque jour davantage les rangs des producteurs indépendants et le prolétariat, dont l'esprit est toujours plus mûr, l'emporte définitivement.

La question sociale sera résolue, selon toute probabilité, par l'évolution, par la production en commun et par la participation des travailleurs eux-mêmes aux bénéfices.

VIII

Ayant examiné précédemment les facteurs idéals de la formation des partis, nous parvenons maintenant à l'analyse de ces classes de citoyens qui personnifient les principes des partis et en sont les dépositaires.

La racine de toute formation de parti se trouve dans la différenciation primordiale qui distingue le genre humain lui-même. L'humanité se divise en groupes innombrables, essentiellement différents les uns des autres, d'après des points de vue nationaux, sociaux ou idéals; et l'on serait presque tenté de croire que cette division même produise déjà la scission profonde entre les divers partis et produise le contraste et la tendance combative, à l'état latent, qui règne entre les groupes différents.

Cette conclusion a été déduite par un penseur d'une autorité bien établie, qui n'envisageait même pas tous les points de vue cités plus haut.

C'est Karl-Marx lui-même qui posa la théorie d'un combat constant comme loi naturelle régissant les groupes, différenciés eux-mêmes dans le sens social et selon chaque peuple, en classes superposées. Cette lutte de classes perpétuelle devait produire la formation des partis politiques, et c'est là toute l'histoire de l'humanité.

Mais il n'avait pas aperçu, dans cette manière de concevoir l'histoire, l'influence considérable que les guerres entre nations ont sur la lutte entre les classes. Le professeur Lombart a formulé en la complétant, la doctrine de Marx, en émettant cette thèse frappante que le contenu de l'histoire n'est rien que le combat des animaux humains « pour la place la plus avantageuse à l'étable et la plus grosse part de fourrage », entendant par la première métamorphose les guerres internationales, et par la deuxième la lutte perpétuelle des classes. Il est évident que cette doctrine a aidé beaucoup à l'éclaircissement des faits.

L'examen scientifique des cas spéciaux (passés en revue par Marx) a montré qu'une suite de groupes politiques, connus dans l'histoire, peuvent être ramenés à des différenciations de classes ; que, par exemple, les luttes pour donner à Athènes sa constitution, prenaient racine dans les intérêts contraires des grands propriétaires et des petits agriculteurs; que le pouvoir absolu qui a marqué la Terreur pendant la Révolution française, quoique regardé comme mystérieux, n'était autre chose que la puissance prolétarienne ; que les partis politiques du temps présent, les conservateurs, les libéraux, les antisémites et les socialistes ne font que représenter les classes de l'aristocratie foncière et de la bourgeoisie riche, des petits artisans et des ouvriers industriels. Pourtant on dépasserait le but en réduisant la lutte des classes aux changements économiques et en prétendant que les fondements de l'édifice politique suffisent à lui donner son caractère propre ; et l'on ne peut nier la part qu'y prennent les différenciations d'ordre spirituel, spécialement celles de nature religieuse.

Nous pouvons reconnaître le fait concret dont, il s'agit, en considérant le centre catholique de l'Allemagne qui a su séparer définitivement tous les ouvriers des industries situées le long du Rhin de la grande masse socialiste, par la puissance que la foi catholique (niée témérairement dans la lutte religieuse) exerce sur les âmes du peuple. Le problème théorique qui suit une marche parallèle est facile à trouver.

C'est une superstition que de prendre l'homme pour un être sensuel, exclusivement matériel et n'ayant que des intérêts gastronomiques, et de regarder, par suite, la différenciation économicosocialiste comme la seule à considérer. Ses aspirations religieuses et psychiques, ses systèmes scientifiques et leur puissance suggestive n'ont pas moins de réalité ni d'importance malgré leur corrélation intime avec le développement social.

Il est hors de doute que les conditions de la vie économique d'un peuple forment le fondement de sa vie sociale et produisent par conséquent sa théorie du droit ; mais la vie spirituelle et religieuse de l'humanité y introduit des éléments hétérogènes et il paraît presque puéril d'entendre qualifier, selon la doctrine de Marx, le protestantisme comme « l'assimilation de la bourgeoisie aux exigences capitalistes des temps nouveaux; » cela, prenant un élément unique des deux termes en corrélation perpétuelle pour facteur unique et décisif.

Les fondements de toute formation des partis politiques consistent alors non seulement dans la différenciation sociale et nationale des groupes de l'humanité, mais aussi dans les antithèses spirituelles ; pourtant cela ne suffit pas encore à produire parmi ces groupes différenciés la conscience du contraste existant et la tendance combative. Ce n'est que par cette tendance que les groupes détachés se campent comme adversaires, qu'ils s'organisent comme partis politiques pour remporter une victoire.

L'histoire universelle nous présente diverses époques d'une tranquillité absolue dans lesquelles les nations et les classes sociales ont regardé leurs situations respectives comme un fait donné, ou même comme réglé par les dieux, sans désirer de changement; et le pays, où les divergences les plus profondes séparaient une caste de l'autre, n'a vu des luttes de classe que lorsqu'une nouvelle religion (le boudhisme) détruisit la foi dans l'origine divine de la séparation des castes.

Nous y voyons en même temps une des évolutions par lesquelles les classes deviennent des partis, c'est-à-dire des organismes de combat: nous apercevons un élément critique effaçant l'auréole d'une origine divine qui a fait admettre jusqu'ici la séparation en classes, ou bien mûrissant les esprits de telle sorte qu'un joug supporté patiemment pendant des siècles devient soudainement intolérable; et c'est ce que nous voyons dans l'émancipation du quatrième état, qu'une instruction plus répandue a fait s'élever.

La seconde raison qui fait que ces classes paisibles s'organisent soudainement comme partis de combat, est encore plus importante: lorsqu'un élément du développement social menace de déposséder une classe (ainsi l'existence des agriculteurs allemands compromise par la concurrence des céréales transocéaniques), la classe prend la défense légitime de ses intérêts vitaux et devient un parti de combat. En Allemagne, les agriculteurs avaient adhéré autrefois à des partis politiques d'après des points de vue qui n'avaient aucun rapport avec la fonction qu'ils remplissaient comme classe, mais le danger sérieux, qui menace de les ruiner, fait renoncer les propriétaires à toute autre idée pour soutenir exclusivement l'agriculture; et c'est l'origine du parti des agrariens allemands.

D'un autre côté, l'importance politique des ouvriers allemands grandit de jour en jour grâce à l'extension de la grande industrie et à leur développement intellectuel; et l'on ne hausse plus les épaules à la pensée qu'ils pourraient faire un jour la conquête du pouvoir. De la même manière que le parti défensif agraire s'était constitué, dans la classe en déclin des agriculteurs, le parti offensif socialiste se créait dans la classe en progrès du prolétariat.

En résumé, nous dirons que les classes sociales ne deviennent des partis de combat que si, à certains moments de l'évolution, des éléments d'ordre spirituel ou d'ordre social viennent à rompre l'équilibre d'une société tranquille.

.*.

Ayant examiné ainsi la dépendance réciproque des classes sociales et des partis politiques, nous avons vu comment le développement ou la mort des partis est une fonction du mouvement montant ou descendant des classes qu'ils représentent et nous allons examiner les lois de ce mouvement.

Peu de choses sont plus curieuses, pour qui regarde l'histoire en observateur désintéressé, que de suivre de telles évolutions qui durent parfois des siècles et ressemblent à de grands drames sociaux; par exemple l'abaissement graduel des paysans libres de l'Allemagne jusqu'à la servitude, au moyen-âge. Leur abaissement sous la domination d'une classe supérieure, ensuite l'ascension lente des paysans serfs vers la liberté jusqu'à l'émancipation complète au commencement de notre siècle; ou encore l'élévation des chevaliers vassaux jusqu'à l'aristocratie au moyen-âge; l'extinc · tion de leurs fonctions par suite de la transformation des temps modernes et enfin leur chute au rang de parasites.

On peut aussi considérer comme un autre processus encore plus important et suggestif, l'élévation extraordinaire du prolétariat moderne. Il était composé des plus misérables parmi les paysans pauvres, que leur travail exténuant, payé d'un salaire dérisoire allant au strict minimum, et leur existence précaire dégradaient chaque jour et écrasaient. Même à supposer qu'il eut la résistance physique, l'absence totale d'intérêts spirituels, la dégénérescence psychique semblait pour le travailleur inévitable.

C'est ce que nous voyons au début de l'époque capitaliste, en Angleterre il y a un siècle, en Italie il y a seulement quelques années. Mais, depuis ce temps nous voyons les choses changer du tout au tout.

Tout d'abord le « Lumperi prolétariat » se sépare nettement de la majorité qui trouve un salaire régulier dans un travail régularisé. Le travail et les intérêts en commun font naître en lui l'esprit de solidarité ; des organisations se constituent ; les salaires et, par voie de conséquence, les besoins augmentent ; la durée du travail est restreinte ; l'ouvrier y gagne du temps et d'avoir l'esprit libre pour réfléchir.

L'industrialisation progressive attire aussi une partie des classes supérieures de l'ancienne société, qui s'adonne à des travaux productifs. En deux générations se forme ce qu'on a pu appeler une aristocratie ouvrière, qui bientôt gagne la confiance des masses travailleuses et les suggestionne. Les « organisations » deviennent leur centre et le prolétariat, jusqu'ici illettré, se cultive soi-même. Cette aristocratie nouvelle (encore que pauvre) fait naître une nouvelle notion de l'honneur, suscite une nouvelle fierté de classe; on se réclame du titre de travailleur, on se connaît comme véritable producteur de la richesse, comme supérieur à la classe parasite des bourgeois. Puis, le nouveau milieu crée de nouveaux idéals : issue de l'idée de solidarité entre les ouvriers dans chaque pays, naît la pensée de la solidarité humaine ; ainsi l'esprit des masses et la conscience sociale se font jour.

De la misère présente naît l'enthousiasme pour l'avenir et l'amour du progrès. La diffusion de l'idée : « l'érudition est puissance », fait naître dans les classes ouvrières l'amour de la science et du développement intellectuel de soi même ; l'absence de mobiles intéressés remplace, chez le prolétaire, le mariage d'argent de la bourgeoisie par le choix de l'amour libre.

Ainsi nous assistons à la formation d'un nouveau groupe humain, qui, bien que peu armé, est plein d'ardeur et de vitalité et prêt à donner son existence pour le progrès et pour l'avenir social.

Avec le développement cultural, le mouvement économique s'étend ; puis, grâce à la transformation des petits patrons, en ouvriers de la grande industrie les forces de combat augmentent pour les éléments inférieurs de la société.

Une admirable transformation s'opère ; nous voyons surgir une classe fière et forte, pleine de confiance en soi et en la marche irrésistible vers l'avenir et qui, tel un éclaireur de l'armée sociale, s'élance à la conquête de la place dominante.

Parallèlement, nous voyons les nouvelles générations de la bourgeoisie riche décliner de plus en plus, et, par dédain du travail, par absence d'idéal, par manque d'énergie, cette dernière se perd dans la décadence et prend le stigmate d'une aristocratie parasitaire destinée à périr.

Quel est le moment qui détermine ce mouvement ascensionnel ou cette chute lente des classes dans les deux cas ?

Un coup d'œil sur la vie nous montre que ce n'est pas seulement l'acquisition ou la perte des biens qui y fait. Celui-là n'est même souvent qu'un facteur secondaire.

Il arrive que des aristocraties en décadence (la bourgeoisie des « dividendes ») soient au point de vue économique, au sommet de leur évolution ; et, d'autre part, que la puissance dure beaucoup plus longtemps que la richesse. C'est ainsi que la « Junkerthum » de la Prusse résiste depuis des années au « bankerott » et conserve sa place prépondérante dans l'Etat par rapport aux classes industrielles beaucoup plus riches de l'Allemagne.

On serait déjà plus près de la vérité en posant que la force des classes dépend de leur importance dans les fonctions sociales. L'aristocratie féodale, par exemple, a été forte aussi longtemps qu'elle a rempli les rôles de guerriers et de juges ; délogée de ces positions, elle tomba.

Pourtant une difficulté subsiste. Où se trouve cette puissance supra-sociale qui pourrait tenir lieu de ces fonctions importantes ?

L'explication est beaucoup plus compliquée. Ce sont tous les différents facteurs de l'histoire qui donnent la vie et la force aux

classes et qui puisent cette force dans les milieux sociaux différents.

Ce sera le rôle banal de la sociologie future, d'analyser ces facteurs, d'après des données que nous ne possédons pas aujourd'hui.

Nous avons vu que la division des classes est la base principale
de la division des partis (par leur différenciation spirituelle ini-
tiale). De même en tout point le caractère idéal et social d'un parti
dépend de la classe à laquelle il appartient.

On aperçoit facilement que le paysan, par exemple, par suite de
son genre de vie, de la dureté de sa tâche et de son attachement à
la terre ne peut être que conservateur, même là où une évolution
anti-agricole, comme en Allemagne, n'augmente pas sa haine du
progrès.

Nous voyons des partis révolutionnaires se former au sein de la
population nomade des ports, ou parmi la jeunesse remuante des
universités; nous voyons encore l'ouvrier, auquel son métier assure
un salaire régulier et une situation stable, créer de grands
partis qui bataillent pour le mieux-être des générations futures.
Chez les montagnards, dont la religiosité s'est développée par l'aspect continuel des forces de la nature, nous voyons naître des sec-
tes religieuses. Nous voyons aussi la chaleur de conviction des
partis dépendre du degré des passions et du tempérament des peuples. Les ouvriers ardents de Barcelone formeront des partis anar-
chistes, tandis que les prolétaires pondérés de l'Allemagne du Nord
formeront des cohortes socialistes.

Un regard jeté tour à tour sur le Reichstag allemand, à la dignité calme et froide, et sur les parlements du Midi, turbulents et
passionnés, nous montre à l'évidence que les partis dépendent et
dérivent de la psychologie de leurs classes créatrices.

Mais cette dépendance s'accuse aussi sous des formes plus compliquées.

Les classes ascendantes, le prolétariat, font naître des partis de
progrès qui vont de gaîté de cœur à l'évolution ; cependant que les
classes en baisse, comme la petite bourgeoisie, recrutent les partis
réactionnaires par lesquels elle essaieront d'enrayer l'évolution. La
colère désespérée vis-à-vis de l'évolution à la montée irrésistible,
fait que les classes supérieures donnent dans le défaut du faible, le
mensonge ; tandis que le triomphe des classes qui s'élèvent rend
ces dernières d'esprit large et ouvert.

Des classes fortement assises avec des intérêts bien nets créent
des partis aux vues claires, qui aiment les chemins droits.

Par contre, les classes en servage, la bourgeoisie décadente et le
prolétariat intellectuel où se fondent les milieux bourgeois et ou-

vriers (garçons de restaurant, employés de commerce) et enfin les aventuriers et les déclassés de toutes catégories forment les partis les plus nuisibles à l'évolution ; ceux qui, sans direction déterminée, gaspillent leur temps et leurs forces ou en des intrigues personnelles, ou en de vaines escarmouches. Généralement ces pseudo-partis battent en brèche toutes les grandes idées, les généreuses aspirations ; parfois ils possèdent le sens critique, mais jamais celui de la synthèse, ni la force créatrice. Ils ne comprennent pas les grandes évolutions et toujours s'attardent à des questions de personnes d'importance minime et à des cas spéciaux ; ils battent monnaie avec le scandale, l'envie, la calomnie ou bien la glorification à outrance.

En Allemagne, la division des classes étant plus accentuée et la psychologie de l'Allemand plus serrée et plus retenue qu'en France, par exemple, les compétitions ont donné naissance à des partis bien caractérisés.

Mais, en dehors de ces marques distinctives de classes, c'est naturellement l'image reflétée de la psychologie collective qui donne de la « couleur » aux partis.

Comme les animaux se divisent en un grand nombre de familles d'après les différences physiologiques, nous pouvons de même constater un grand nombre d' « espèces » séparées, au point de vue psychique, dans le genre humain. Ces espèces diffèrent par le but et l'intérêt attaché à la vie ; elles varient de par les lois formelles de la pensée. L'essentiel de cette différence est d'abord ce qui sépare l'homme de la femme, la jeunesse de la vieillesse.

Si donc nous voulons rechercher quels sont les motifs subjectifs qui déterminent un particulier dans le choix d'un parti, il nous faut placer au premier rang sa « classe », au deuxième la force de suggestion des tendances religieuses et spirituelles, des traditions et sentiments qui l'animent.

Mais très importante aussi est la spécification de l'âme, constituée par la différence dont nous venons de parler et par la compréhension du sens de la vie. Chez la jeunesse, l'intérêt de la classe comme motif déterminant dans l'option pour un parti, peut primer tout, chez les natures fortes. Même parmi les classes où se recrutent les professions dites libérales (avocats, médecins, écrivains, commerçants même, en certains pays) et qui passent pour moins étroites d'esprit, le choix du parti est pour l'individu en relation directe avec mille influences suggestionnantes et se fait d'après les capacités différentes de résistance de l'âme vis-à-vis du milieu ambiant.

De là cette conséquence naturelle que l'âge apporte chez beaucoup de gens le changement des opinions révolutionnaires pour des opinions conservatrices, parce que « l'on devient plus mûr ».

Quant au renégat, au transfuge, il faut être plus circonspect à son égard. Il se comprend s'il obéit à une volonté bien réfléchie et spontanée, et non à des mobiles d'ordre spécial. C'est ce qui explique que les renégats soient les plus ardents parmi les défenseurs des principes qu'ils ont adopté.

De plus en plus, qu'avec la vie, notre âme fait des progrès dans la différenciation, nous apprenons continuellement à élargir nos possessions psychiques selon de nouvelles impressions : aussi y aura-t-il de plus en plus de transfuges en politique.

C'est une des grandes lois de l'histoire que les progrès incessants de la liberté de la pensée dans un sens plus large et lorsqu'on voit de plus en plus de gens passer d'un parti à l'autre, nous ne parlons que de ceux dont les changements d'opinion sont motivés par leur conscience, l'on peut croire à la motivation d'ordre spirituel pour l'individu dans le choix du parti. Et c'est sur cette liberté de décision que repose, nous l'espérons, l'avenir des États les plus civilisés.

IX

C'est du quatrième élément de la notion du « parti politique » que nous allons nous occuper dans cette partie de notre travail : l'intégration et l'organisation de tous ces groupes de citoyens qui sont animés par la même idée et par la même conception politique des questions concrètes.

C'est donc l'organisation qui a produit cet être surorganique, supérieur à tous les hommes-individus dont il est composé, et qui contribue à l'évolution d'un être indépendant.

Pour atteindre ce but, le parti doit avoir recours à des organes qui le guident et qui le représentent.

Un examen de l'évolution nous montre que la manière et le but du processus de l'intégration n'est qu'une « fonction », au sens mathématique, de la civilisation et du milieu qui sera la sphère de l'activité du parti.

Il est nécessaire, pour assurer l'existence permanente des partis, que les deux facteurs aient atteint un degré assez avancé.

Au temps des hordes nomades on peut bien se représenter une formation de parti entre les hordes diverses mais non une formation de parti composée d'individus pris au sein d'une horde unique.

D'ailleurs, une certaine possibilité d'action, même quand elle est imaginaire, est absolument nécessaire à déterminer la naissance des partis. Des autocraties qui comptent des siècles (la Chine par exemple) influencent l'individu par l'autorité des traditions sacrées; lui représentent la moindre atteinte à la volonté du monarque, d'essence divine, comme aussi inutile et vaine qu'insolente et téméraire; ne donnent, par conséquent, accès à une formation des partis qu'aux moments de soulèvement général, d'une agitation profonde du peuple entier (ainsi l'insurrection des Boxers)

Mais, s'il y avait réellement la possibilité de la formation d'un parti, le degré de son développement et la question de savoir s'il peut se constituer comme pouvoir permanent absolu, dépendent de la constitution de l'Etat.

A un degré plus bas, nous rencontrons déjà une sorte de formation de parti, quoiqu'elle soit encore assez rudimentaire, là où, après l'extinction d'une dynastie ou pour toute autre raison, deux souverains ou chefs se font la guerre pour acquérir le pouvoir suprême. Alors la scission dans le peuple, ou du moins dans les classes régnantes, en deux partis adversaires, en découle par la loi naturelle.

En général, ce sont les relations personnelles des vassaux qui déterminent, à ce moment, le choix d'un parti.

A un degré plus avancé de la civilisation, le choix d'un parti peut dépendre de questions de principes; le souverain devient la personnification du parti ; il est son chef mais il ne forme plus la raison unique de son existence. On reconnaît tel fait, par exemple, dans la lutte pour la couronne royale de Hongrie à la suite de laquelle les souverains de laTransylvanie furent les élus du parti national, tandis que les empereurs d'Allemagne n'avaient que peu de partisans, mais avaient la force armée comme appui plus puissant. Cette sorte de formation de partis, qui dépend des individualités influentes, atteint son point culminant aux élections directes des présidents de République de notre temps, en Amérique surtout, car en France les choses vont autrement, les partis politiques permanents, formés par les représentants du peuple, empêchant que des partis se forment spécialement pour l'élection du président.

La formation des partis dans les autocraties de notre temps est également indécise.

Il n'y a que dans la conspiration qu'on puisse parler d'une activité indépendante et des organismes composites, comme la « Uaroduaja Walya » en Russie, peuvent parvenir à une activité révolutionnaire, qui, grâce à la concentration des forces, atteint un pouvoir dépassant largement celui qui serait en rapport avec le nombre de leurs partisans.

Outre ces associations, il y a bien encore de vastes foules de citoyens, comme par exemple les libéraux russes, qui offrent toutes les marques distinctives d'un parti ayant un programme clair et des vues politiques, tout comme des classes bien établies. Mais la possibilité d'agir leur fait défaut, et pour cette raison elles n'ont formé ni des organisations, ni des organes, de même qu'aucun parti ne peut s'y maintenir comme être indépendant.

Que les journaux exposent leurs considérations, ils le font en leur propre nom; qu'elles forment même avec leurs pareilles une société des partisans animés par la même idée, il n'est pas moins vrai qu'un « parti » intégral n'existe pourtant pas.

C'est dans la vie politique moderne que les partis ont trouvé l'impulsion et la possibilité du développement le plus étendu.

Des partis politiques trouvent alors leur direction naturelle, leur point de concentration dans leur représentation parlementaire, mais l'obligation morale de faire son élection, fait que pour la plus grande part de la population encore inéveillée au sens politique, l'exhortation de Socrate est toujours à renouveler : « Que chacun prenne son parti. »

De cette manière, chaque parti met en œuvre l'intérêt qu'il a au développement de l'Etat. Ainsi, de nouveaux partis naissent de l'élection; et les évènements de la vie politique dans l'enceinte du Parlement en produisent d'autres, qui seront sanctionnés au dehors par les électeurs.

Il est tout naturel que la psychologie du parti relève, non-seulement de la dépendance de ses électeurs, mais aussi de celle de l'assemblée parlementaire, qui doit être sa sphère d'activité.

La modération et l'intelligence des Allemands ont créé, en conformité avec la dignité du Reischtag, des partis calmes et sérieux. Il est vrai que cette psychologie du Parlement dépend des partis qui le composent, mais elle est fondée aussi sur les traditions, le sentiment élevé de la responsabilité et enfin sur le règlement.

L'influence de ce dernier facteur est très souvent exagérée. Il est évident que les moyens de contrainte physique ne peuvent pas dépasser une certaine mesure sans atteindre dans leur dignité les députés qui les ont créés. Mais leur valeur morale est fondée uniquement sur le sort que la voix populaire fait à ceux qui ont violé les traditions de bienséance, c'est-à-dire sur le caractère national.

Aussi longtemps qu'on regardera, en Autriche, comme des héros les hommes qui répondent aux exhortations du président par des injures, et qui criblent sa tribune d'encriers en guise de projectiles, aucun règlement n'y pourra rien faire; en Allemagne, où le peuple plus sérieux, versé en politique, envisage le mépris de l'autorité du président comme une raillerie de l'assemblée et de ceux-là mêmes qui l'ont élu, et juge froidement, sans se laisser émouvoir par les questions de personnes, une telle conduite donne l'impression d'une gaminerie. Aussi le règlement n'est alors que la « forme » sous laquelle triomphe et fleurit le règne des principes fondamentaux de toute délibération parlementaire.

C'est cette fonction et rien de plus que le règlement aurait dû remplir dès l'origine.

*
* *

La psychologie des partis est soumise, selon les lois naturelles qui règnent partout, à l'influence rétroactive de telles actions.

La participation au gouvernement éveillera, à l'ordinaire, un sentiment de responsabilité, et augmentera d'autant la pondération du parti.

D'autre part, des projets de réformes, qui ne devraient être que des échelons sur le chemin qui mène au pouvoir, se perdent souvent quand on y arrive.

Inversement, l'obstruction exerce une influence de rudesse et de brutalité qui porte non seulement sur la minorité qui la pratique, mais aussi sur la majorité placée en un état de défense forcée.

Par suite d'une dégénérescence des facteurs les plus importants d'un parlement, qui sont la puissance oratoire et la force morale de la majorité (reflétant l'arrêt des électeurs), et l'introduction de méthodes immorales comme l'insouciance, la brutalité, la ruse, les éléments le plus bas du parti finissent par avoir le dessus et une « sélection des pires » abaisse le niveau des partis. Différemment, on attribue très facilement une trop grande importance à l'influence des passions individuelles des intérêts mercenaires sur la formation des partis, (au moins quant à l'ouest de l'Europe).

L'ambitieux, par exemple, ferait mieux presque toujours de se laisser porter par le courant populaire, en le devinant mieux que tout autre, et en pressentant les changements qui s'y feront. De cette manière il servirait plutôt la formation des partis selon l'évolution nécessaire, qu'il ne la contrarierait.

Une politique qui suit simplement les intérêts de quelques individus qui ne cherchent qu'à parvenir, ne se rencontre que trop souvent chez les peuples qui ne savent pas se servir d'une constitution empruntée à d'autres, faute de maturité intellectuelle. Chez les peuples rompus à la politique, elle ne peut réussir que dans des cas exceptionnels (à Tammany-hall, à New-York).

Que les classes dirigeantes conquièrent aux élections, par corruption ou intimidation, un nombre de représentants qui dépasse
de beaucoup la proportion de leurs forces réelles, c'est une question à part. Car précisément cette influence de l'argent ou de l'autorité capable de corrompre ou de forcer la main, forme, non moins
que la force numérique, une partie intégrante de leur puissance.

L'élection ne reflète pas l'opinion publique au sens du législateur, mais elle nous donne une image fidèle de la répartition réelle
de l'influence. La bonne organisation et l'activité d'un parti exercent leur influence dans le même sens ; le parti moins nombreux,
mais plus actif, et plus riche en forces vivifiantes, peut aisément
remporter la victoire sur une majorité indolente. La prépondérance
de la démocratie sociale des Allemands organisée d'après les principes militaires, par exemple, à l'opposite des libéraux, qui procèdent
en groupes détachés, nous fait apparaître manifestement la supériorité de l'esprit qui anime une collectivité sur l'énergie totalisée
d'individus pris isolément.

L'affermissement d'un parti par des feuilles bien dirigées, par
des orateurs éloquents et par des leaders influents ne le soustrait
qu'en apparence à l'évolution naturelle, car les grandes idées animent pour des actes qui n'ont pas moins de portée et rassemblent
de même les talents pour leur cause.

Il est douteux que le génie lui-même soit, comme force naturelle,
un facteur assez puissant pour décider du sort d'un parti.

L'histoire nous montre que le génie ne peut atteindre des succès
importants ou de longue durée que lorsqu'il se met au service de
l'évolution. Bismark a seulement accéléré la marche commencée
de l'Allemagne vers son unité et Luther n'a fait que concentrer les
forces impulsives de son temps dans son propre esprit.

Mais qu'un génie isolé interrompe les voies tracées par les lois
naturelles des partis (de même que la force magnétique d'une
comète trouble celle des étoiles) nous ne voyons là qu'une intéressante condition naturelle de l'évolution.

Ce sont les conditions variées de son activité et de son organisation qui donnent au parti sa forme extérieure, tout comme l'idée
qu'il représente; la classe du peuple qui l'a produit et les problèmes
politiques qu'il agite déterminent sa nature véritable.

X

Précédemment nous avons essayé d'assigner sa place au parti dans le monde surorganique et les relations qui le lient aux autres phénomènes spéciaux.

Tandis que cette spéculation devait s'en tenir à une morphologie sociale, nous devons poursuivre maintenant le cours de l'histoire concrète de l'humanité.

Avant de donner un aperçu systématique sur la formation des partis dans les divers pays, nous allons examiner quelques uns des partis les plus caractéristiques dans l'histoire.

Chez les anciens, retraçons le cours du parti démocratique à Rome qui vécut plus de cinq siècles, et regardons les métamorphoses diverses de son idée directrice, les changements profonds dans les classes du peuple où il se développa.

Il commença comme parti plébéien des paysans asservis d'une ville des confins du Latium qui s'appelait Rome.

Son but était de rompre la puissance économique et politique de l'aristocratie foncière et il l'atteignit.

Les privilèges politiques furent anéantis et la question économique se résolut par l'apparition de nouvelles classes qui faisait d'un état d'agriculteurs une grande puissance commerciale, capable de lui donner la suprématie.

Alors surgissent de nouvelles aristocraties (equites et optimates).

Les paysans de l'Italie succombent sous la concurrence des blés d'Outre-Mer, ils tombent au rang du prolétariat, et un mouvement démocratique commence à se dessiner, qui s'oppose au progrès du développement économique.

Les Gracques formulent leur programme de réformes rétrogrades. Les classes moyennes en péril devaient être soutenues par l'intervention de l'Etat, on devait faire échec à l'oligarchie de vainqueurs et les traditions de la lutte plébéienne se nouaient au parti moderne.

C'est un parti démocratique excellemment organisé qui entre maintenant dans l'arène politique. Il atteint une majorité énorme dans les assemblées législatives et ses chefs sont des hommes de génie ; malgré cela il succombe bientôt.

L'évolution naturelle avait penché pour le parti plébéien, qui s'attirait bientôt la violente hostilité des classes moyennes.

L'analogie de ce soulèvement de Gracques avec les luttes politiques des partis moyens de notre temps est évident.

Encore un tour de la vue de l'histoire, et nous trouvons Rome devenue la reine de l'Univers; elle commande à tous les peuples et rois amis ou soumis des bords de la Méditerranée.

De nouvelles forces démocratiques s'élevaient, menaçant l'aristocratie, mais il n'y avait plus de paysans de basse condition ou de petits propriétaires sur lequel l'agitation pût s'appuyer. Ce n'était plus que les débris du parti démocratique, avec une caste de chefs pour lesquels la direction du parti démocratique était une tradition de famille, et qui suivaient le mouvement nouveau.

Il prenait racine dans les provinces, parmi les peuples conquis obligés au service militaire; et c'est pourquoi l'aristocratie, malgré ses apparences brillantes, n'était rien, tandis que « l'impérator » apparaît comme le maître de l'univers. A la tête de ce parti, le soldat ambitieux pouvait combattre l'aristocratie des rangs de laquelle il sortait. L'alliance de toute ancienneté entre la tyrannie et la démocratie que Pisistrate avait fondée avec éclat cinq siècles avant à Athènes, se renouvelait. Ainsi César pouvait, comme chef du parti démocratique, et comme chef d'une armée toute dévouée, instaurer une civilisation démocratique sur les débris de l'aristocratie romaine jadis toute puissante.

Le parti apparaissait donc chétif et n'existant que par son chef. L'assassinat de César ramena au gouvernement le parti hautain des républicains aristocratiques et, par une ironie étrange, il se servit de l'idéal de la liberté comme d'une arme pour repousser les prétentions de l'égalité.

Mais il n'eut pas longtemps le dessus; à Philippi, la démocratie fondée par César abattait ses adversaires. Une période de démocratie à outrance, que l'histoire n'avait pas encore produite, commençait pour la Rome des Césars.

Avant que la domination de l'aristocratie corrompue fût abolie, le cours des siècles faisait monter la civilisation des provinces au niveau de Rome et l'empereur Caracalla accorda à tout habitant libre des bords de la Méditerranée les droits de citoyen romain et par suite l'égalité politique; la démocratie récoltait ainsi le fruit de ses victoires de Pharsale et de Philippi, après trois siècles.

Mais le monde païen allait bientôt crouler; l'idée de l'égalité se développait avec le christianisme; et c'est à travers son triomphe que le parti démocratique remportait une définitive victoire dans la personne de son héritier des temps modernes.

Bien plus modeste est le rôle du parti que nous allons considérer comme représentatif du moyen âge à son déclin : les Taborites de la Bohême. Ce parti avait quatre racines différentes.

La réforme religieuse due à Jean Huss faisait naître un parti politique ayant une inspiration analogue ; la haine des Allemands chez les paysans bohémiens, la pensée nationale tchèque qui se traduisait par la soif d'indépendance politique y avaient aussi leur part ; enfin les traditions de l'ancienne démocratie des paysans slaves, avec l'esprit de communisme, de justice et de charité le complétaient.

Cette agitation grandiose du peuple produisit des résultats surprenante ; l'invention de nouvelles méthodes de guerre qui permit de vaincre les armées allemandes et qui fit surgir des chefs de génie comme Ziska.

L'Allemagne finit à la longue par dompter la Bohême ; mais, au cours des siècles, la pensée taborite eut souvent de brusques réveils, et à l'heure actuelle où près de cinq siècles ont passé, le peuple de Bohème s'échauffe au nom de Jean Huss et de ses partisans.

L'opposition des paysans tchèques se fait d'après les idées des anciens Taborites ; la pensée taborite est devenue la force qui anime un parti moderne dans lequel s'est fondu l'ancien parti démocratique et social des paysans tchèques.

Essayons de retracer le cours d'un parti qui est très caractérisque au temps moderne en Angleterre, en France et en Allemagne.

Le peuple anglo-saxon, chez lequel la tradition est toute-puissante, a produit un parti étrange qui a survécu à toutes les vicissitudes de l'histoire : le parti des Whigs.

A l'origine, c'était le parti de la haute noblesse anglaise anticatholique, que constituaient les pairs. Plus tard, une partie des descendants de ceux-ci fit défection pour soutenir la bourgeoisie industrielle et la mener en 1832 à la victoire sur la portion de l'aristocratie que continuait de représenter la Chambre des pairs.

Puis c'est la tête de la bourgeoisie capitaliste qui passe aux Tories : à la fin du dix-neuvième siècle nous voyons des familles que l'histoire avait connues comme « whigs » à la tête du mouvement démocratique : elles élargissent le droit de suffrage et réclament des réformes sociales.

Le même parti, issu du combat contre le catholicisme, est son plus ferme appui ; autrefois composé en majorité des pairs d'Angleterre il place maintenant la disparition de cet ordre en tête de son programme. Enfin ce même parti qui avait si longtemps réclamé la liberté absolue, surtout dans l'ordre économique, demande maintenant avec énergie des mesures coercitives à cause des abus que le principe du « laissez-faire, laissez-passer » avait entraînés.

Nous apercevons la continuité de l'évolution de ce parti à travers les changements qui modifient l'Angleterre, non moins distinctement que dans la constitution anglaise ; l'être indépendant qui est le parti lui-même et qui plâne au-dessus de ses contingences grandit et vit ; il se révèle à nous.

Le parti hébertiste, durant la révolution française, nous offre un aspect entièrement différent et caractéristique de l'esprit latin.

Une idée fougueuse animait ce parti, celle d'une religion de la raison ; mais cette pensée succombait avec ses protagonistes contre les conservateurs et la guillotine faisait son œuvre parmi eux. L'idée grandiose qui avait inspiré ce parti ardent et jamais abattu, fut tournée en dérision, mais néanmoins l'humanité avait subi l'influence de cet essor, et bientôt elle rejoignit la pensée qui l'avait un moment dépassée et une vie nouvelle d'une vigoureuse activité reprenait à sa suite. Ce parti de la religion par la raison a fêté sa résurrection et, pareils aux chrétiens sortis triomphants de la période des martyres, les fils spirituels des Hébertistes voient leur cause prédominer.

La vie et le combat du parti des Junker de la Prusse fait, avec les précédents, un grand contraste. Ses partisans ne songent qu'à vivre des produits de la terre — les vastes plaines de la Prusse — et se tiennent éloignés de toute lutte d'intelligence. On ne le réduit pas, ce parti, par la persuasion d'arguments scientifiques. Tout homme né noble, fils d'un propriétaire à l'est des rives de l'Elbe, en fait naturellement partie. Cette caste n'a conquis la première place, et ne peut la conserver que les armes à la main, l'arme blanche autrefois, les armes que la politique fournit aujourd'hui.

Il fut un temps où tout était permis au parti des Junker, en Prusse. Avec la prépondérance au-dedans, leur rudesse vigoureuse assurait à leur pays la victoire au-dehors, et la victoire de Kœnigratz est, sans doute, en partie leur ouvrage.

A mesure que l'Allemagne devenait un état industriel, la bourgeoisie capitaliste, beaucoup plus riche que les Junker, lorgnait le pouvoir. Mais tous les offices privilégiés demeurant aux mains des Junker, ceux-ci continuaient d'avoir la suprématie dans l'empire.

D'autre part, la banqueroute de plus en plus imminente des propriétaires prussiens, minés par la concurrence des blés d'outremer, facilitait l'accession des bourgeois à la cour.

Dans la lutte désespérée des Junker prussiens, nous voyons un parti aristocratique aux abois, encore vigoureux, mais qui doit infailliblement périr, parce qu'il est incapable, trop attaché à son sol, de passer, comme la noblesse anglaise, de l'agriculture en faillite à l'industrie en pleine activité.

Venons au parti socialiste moderne, dont nous avons déjà exposé l'origine. Rappelons au lecteur la différence entre le socialisme allemand qui ne vise qu'à obtenir des intérêts réels pour l'ouvrier, et le socialisme français qui se grise de rêves de bonheur pour l'avenir.

La différence psychologique entre l'Allemagne réaliste et la France idéaliste, à ces points de vue, se reflète dans la nature des partis correspondants.

D'une part, l'esprit d'ordre et la soumission des individus au but collectif, chez les Allemands, trouvent leur incarnation parfaite dans la démocratie sociale. D'autre part, les traditions de la vibrante Révolution française, le génie individuel, le noble dévouement à des idées humanitaires ne se trouvent nulle part plus marqués que dans le parti socialiste du pays qui veut remplacer la haine de l'étranger par l'idée généreuse d'une solidarité de l'humanité entière.

.*.

Lorsque nous jetons un dernier coup d'œil sur les différents partis que nous avons examinés, nous avons l'intuition d'avoir étudié des êtres du monde surorganique, doués d'une existence indépendante et supérieure à la nôtre dans leur processus vital.

Comme l'histoire naturelle du monde organique passe des classifications générales à la description des espèces et familles, de même nous ferons suivre notre exposé de la nature du parti d'une esquisse de la formation de partis dans les différentes nations.

Mais comme la vie des partis embrasse la vie sociale et intellectuelle entière d'un pays, nous devons nous contenter d'un aperçu de cette formation de partis, limité au temps présent.

En partant de l'Orient, nous trouvons, dans un pays de soleil, le Japon, un exemple unique d'un passé récent dans la formation du parti ami de la civilisation européenne, ce parti qui, à sa naissance, rencontre une hostilité absolue à toute culture.

Quoique cette formation soit due en partie aussi à des antagonismes sociaux et religieux, nous n'apercevons guère ailleurs que là l'idée du progrès naturel former des partisans plus convaincus, avec aussi peu de ressources. En très peu de temps l'initiation a fait que les questions politiques de l'Europe y ont pénétré; et on y voit maintenant des libéraux, des conservateurs et des socialistes, comme chez nous.

Les partis politiques de la Chine sont bien plus différenciés des nôtres, et il faut que ce peuple qui vit dans une résignation profonde, soit entraîné par un événement extraordinaire pour se laisser aller à des manifestations politiques de quelque vivacité.

Le plus récent exemple de ce cas, le mouvement des Boxers, nous fait assister au soulèvement d'un peuple entier contre la civilisation européenne. Le petit artisan mercier, ruiné par la concurrence des fabriques européennes, le fidèle, dépossédé de son dieu par l'invasion victorieuse de la foi européenne, traînant derrière elle les canons et les mercanti, le mandarin, l'homme du peuple, tous enfin font bloc pour tenir tête aux puissances coalisées de toute l'Europe.

Nous assistons là à la rencontre de deux races, de deux formes de culture humaine, poussées sur des terrains différents. Le mongolisme, qui avait jadis porté ses armes victorieuses jusqu'au centre de l'Europe, se voit envahi maintenant parce que pendant plus de mille ans, il s'est pétrifié dans l'immobilité, tandis que l'Europe a pris son essor pour ne plus s'arrêter.

Bientôt les petites industries de la Chine auront le sort de ses francs-tireurs au choc des armes européennes; elles seront supplantées par la grande industrie d'Europe sur les marchés chinois désormais ouverts. Dans l'ordre intellectuel, la défaite de la Chine n'est pas plus douteuse.

La défaite des Boxers nous apparaît donc en définitive comme un chapitre de l'histoire, qui nous a toujours fait voir l'héroïsme humain rester impuissant contre le déroulement de l'évolution.

C'est le même drame que nous présente, au fond, l'assujettissement des Boers, attardés au niveau de civilisation du moyen-âge, par l'Angleterre industrielle ; ou encore celui qui nous est donné par le dépérissement des petits artisans de toute l'Europe dans les combats que l'industrie, quoique toute puissante, est réduite à mener pour défendre ses conquêtes.

La culture, à la fois industrielle et intellectuelle de notre temps, uniforme et universelle, ruine les métiers, les nations et les religions du passé avec une égale et inexorable sûreté. La mort du parti boxer est typique parce que cette débâcle de tout ce qui représentait des siècles dans la culture nationale en Chine, a été rasé par la civilisation européenne et nous montre le chemin frayé à la domination universelle par celle-ci, qui, grâce à une culture uniforme, sous l'égide d'une puissance unique, régnera sur tous les habitants de notre planète.

Les Indes, non loin de là, nous offrent, dans le bouddhisme et sa guerre aux brahmanes aristocratiques, le cas qui se présente dans les pays conservateurs, c'est-à-dire un déguisement, sous le couvert de principes religieux, d'appétits de différentes classes. Ainsi le soulèvement des paysans allemands au moyen âge, et aussi en quelque sorte les esclaves et les sujets des provinces parmi lesquels jadis les chrétiens se recrutaient.

Aux Indes, les péripéties de ce combat se perdent dans le passé. Quant au présent, les luttes parmi les partis modernes soit européens, soit asiatiques, y figurent au premier rang comme partout depuis les Balkans jusqu'au Pacifique.

Le caractère des partis russes est, en général, encore bien oriental, outrancier et violent. Il est uniforme comme les vastes landes qui s'étendent jusqu'à l'Asie; il est sans nuances, ni formes multiples comme en Europe. Le bien et le mal, la vertu et le vice n'y connaissent pas de bornes; la brutalité de l'autocratie est sans limites, comme le fanatisme des révolutionnaires ; comme l'abnégation de ces derniers et leur cohésion pour un but unique, au mépris de tout le reste. Nous y trouvons aussi l'idéalité des sentiments et une vie d'une pureté telle que l'Européen de l'Ouest ne peut guère la concevoir. L'Autriche apparaît comme une sorte de laboratoire de la vie propre à nous faire étudier les effets que les diverses impulsions exercent sur la formation des partis de nature sociale, nationale, régionale ou religieuse.

La formation la plus importante est celle des groupes nationaux des Allemands, des Tchèques, des Polonais, des Ruthènes, des Roumains, des Croates, des Serbes, des Slovènes et des Italiens. Mais ce n'est pas exclusivement le combat des idiomes qui s'exprime par ces formations. Les Allemands, comme parti centraliste, se trouvent être à l'opposite des nations slaves, comme des champions de la féodalité ; et, jusqu'au passé le plus récent, on pouvait également regarder les partis allemands comme les représentants de la grande industrie et du libéralisme politique tandis que les Slaves étaient, en général, les partisans des intérêts féodaux ou du moins agricoles.

Les dernières années ont amené une décomposition complète de ces formations historiques.

La majorité des partis nationaux a renoncé complètement à plaider les intérêts communs à l'État entier ; une grande partie brigue l'union avec des Etats voisins ayant les mêmes intérêts; par exemple l'irredentisme ancien des Italiens et le nouveau des Pangermanistes. Quelquefois ils choisissent le procédé grotesque de ne rien poursuivre que leurs propres intérêts nationaux et d'abandonner les intérêts de l'Etat au gouvernement.

Les sentiments qui animent les Bretons de la France qui se regardent comme des Français parlant la langue bretonne et les Basques espagnols qui restent des citoyens fidèles de l'Espagne, manquent complètement aux diverses provinces de l'Autriche. Il

n'y a que parmi les catholiques sincères que l'attachement à la
patrie autrichienne ait encore des racines solides. Aussi voyons-
nous ce résultat étrange que le parti pangermanique encourage
ses partisans à changer de culte dans un but politique, et qu'il se
donne comme soutien du protestantisme, alors que la majorité
des partisans sont catholiques, et qu'il augmente par là la dis-
corde et la désunion de l'Autriche déjà troublée par d'autres luttes.

Au point de vue politique, nous voyons les partis nationaux se
diviser de suite, par exemple les Slovenès, en libéraux et conservateurs ; ou bien, laissant de côté la pensée nationale, s'organiser
à des points de vue sociaux comme la démocratie sociale interna-
tionale; ou enfin sur la question religieuse, comme le parti catholique populaire.

Les sous-partis économiques — ainsi les agrairiens, — se forment des adhérents parmi les partis différents, des groupes du
peuple privilégié et doué d'un suffrage spécial, — les grands propriétaires formant des partis détachés. Les mêmes partis produisent, dans le groupe électoral du suffrage universel, des candidats
favorables aux ouvriers, mais, dans le groupe du census des patrons capitalistes — par exemple le parti pangermanique; — la
lutte rétrograde de la petite industrie avec le capital, dont une
grosse partie se trouve aux mains des Juifs, a produit d'autre part
un parti antisémite qui n'existe avec une telle force nulle part dans
l'Europe entière.

Lorsqu'on se rappelle que chacune de ces fractions isolées est
capable de paralyser le Parlement par une obstruction systématique, comme celle que tentèrent les Allemands contre un règlement concernant l'emploi de telle ou telle autre langue dans les
bureaux de l'Etat décrété en faveur des Tchèques, et qui fut cou-
ronnée de succès, on comprendra que l'Etat ne peut être dirigé
que par un psychologue de premier ordre.

Dans l'Etat frère de l'Autriche, en Hongrie, le census du suffrage et la falsification des élections dans le sens officiel n'ont pas
permis la représentation des vrais partis de la population au Parlement. Dans le sein même du Parlement, ce n'est que lutte entre
les aristocraties foncières catholiques et protestantes magyares,
entre les membres attachés à l'Autriche et ceux qui réclament
l'autonomie absolue de leur patrie. Il n'y a pas longtemps, il régnait
un accord entre l'aristocratie foncière protestante et la bourgeoisie industrielle comme parti libéral. Actuellement le Parlement
traverse une crise sérieuse, dont l'une décidera lequel des groupes magyars aura la prédominance en Hongrie. Les nationalités
non-magyares et les ouvriers sont dépourvus de toute influence;

les paysans étaient jusqu'ici fidèlement dévoués à l'aristocratie foncière.

L'empire allemand reflète, dans la formation des partis distinctement constitués, l'esprit d'ordre et l'observance des règlements qui caractérisent la population entière. En Allemagne, le parti est un individu indépendant, qui a son passé propre et des traditions concernant les métiers des électeurs parmi lesquels il se recrute ; et le groupe de ses représentants au Parlement est nettement tranché.

On n'y rencontre pas de ces transitions qui caractérisent les partis qui vont, par exemple, des démocrates progressistes aux radicaux et des radicaux-socialistes aux socialistes modérés ou extrêmes. Chaque fraction se trouve à l'opposite de tout autre qu'elle même, et il n'y a pas d'électeur intelligent qui ne se rallie à un parti décisif.

Comme conséquence, ce ne sont ni des idées exprimées par des discours au Parlement, ni des questions matérielles agitant le peuple qui orientent le cours politique de l'Allemagne, et on n'y verrait jamais aucune « affaire » bouleverser la vie politique entière.

Le processus vital des partis, et lui seul, détermine les formations politiques, dans la mesure où ils échappent aux empiétements de l'empereur.

XI

Les partis allemands se divisent selon deux principes essentiels : le principe religieux et le principe social.

Le premier, des deux, produit le parti le plus nombreux du Parlement : le centre catholique.

Au milieu des orages de la lutte religieuse que Bismarck avait suscitée dans le dessein de subjuguer les catholiques, après 1870, à cause de leur tiédeur pour sa politique, le centre s'élevait comme le parti incarnant, dans le programme de liberté religieuse, l'opposition des Allemands du sud régional et du catholicisme international contre le nationalisme à outrance selon Bismarck.

Avec une habileté consommée, ce parti savait représenter tous les besoins catholiques. Par dessus le marché, il retenait les ouvriers attachés à cette religion, en demandant des réformes démocratiques et sociales, qui les empêchaient de passer du côté de leurs camarades protestants socialistes. Il groupait autour de lui tous les mécontents de l'hégémonie prussienne, Polonais, Guelfes,

Alsaciens; il protégeait la petite industrie. Mais surtout il rappelait aux catholiques que la majorité protestante les avait toujours brutalement opprimés, — elle avait banni d'Allemagne les Jésuites — mais sans jamais demander plus que la liberté absolue du culte et le traitement d'égalité avec les protestants. Cette méthode lui assurait l'alliance fidèle des radicaux et des démocrates sociaux.

Ainsi, le centre a admirablement réussi à grouper toutes les classes catholiques, en Allemagne. Minorité puissante au Parlement, il a maintenu la balance entre la démocratie, avec ses assauts menaçants d'une part, et la gauche de l'autre, avec laquelle il défendait aussi, au besoin, le droit du peuple contre la réaction.

Du côté protestant, les différences de partis sont produites par les contrastes sociaux.

L'agriculture, en particulier la classe des Junker, a formé, avec le protestantisme orthodoxe et les traditions royalistes, le parti des conservateurs. La grande industrie, alliée à la bourgeoisie intellectuelle, a formé le parti national-libéral; enfin la plupart des petits artisans ruinés croit se sauver par l'adhésion au parti antisémite dans sa lutte contre le capital.

Les grands commerçants et les bourgeois républicains, ou du moins libre-penseurs, ainsi que les représentants modérés du prolétariat et un groupe de paysans révoltés contre l'aristocratie foncière, forment le parti radical. Sur le tout, les ouvriers de la grande industrie s'organisent comme démocratie sociale.

C'est cette dernière qui, de plus en plus, embrasse tous ces éléments. Nous voyons déjà paraître les indices d'une alliance future entre les classes intellectuelles, spécialement intéressées à tout progrès de civilisation, et les ouvriers socialistes, impatients de l'avenir, qui apportera la délivrance.

Par l'union de ces forces, la démocratie parviendra à l'organisation sociale dans laquelle les masses profondes des ouvriers, délivrés de toute pression économique et dévoués à la civilisation, pourront se consacrer entièrement, sous l'égide du génie, à l'évolution de l'humanité.

La France reflète l'esprit harmonique de sa population par les transitions et les infiltrations d'un parti dans l'autre.

Les classes, nous l'avons dit, n'y sont point tranchées, comme en Allemagne, et les intérêts idéals de la population entière sont bien variés; des changements continuels transforment les partis. Dans les questions soulevées et débattues journellement, chaque individu se joint premièrement au parti dont il approuve l'attitude momentanée, tandis qu'en Allemagne c'est le parti lui-même qui exerce une puissance suggestive sur les individus qui se constituent ainsi pierres d'assise pour son édifice majestueux.

En Allemagne il est de règle que tout ouvrier intelligent (à part les exceptions catholiques et libérales susdites) se joigne au parti socialiste. Comme membre de ce parti, il prend part aux discussions sur la tactique politique la plus favorable, mais toute opposition à une résolution du parti déjà prise, ou une division au sein du parti qui incarne tous nos espoirs, et qu'il tient comme son refuge suprême, lui apparaîtrait comme une étourderie coupable et presque criminelle. En regard, l'ouvrier français entend par er un jugement compétent sur les questions concrètes les plus compliquées, il outrage souvent son chef de la veille lorsqu'il n'est pas de son opinion, et, finalement, se trouve incapable d'avancer dans une direction uniforme.

Malgré sa richesse en hommes de génie, malgré les intelligences qu'il renferme, quoique éparses, et qu'on chercherait vainement ailleurs dans l'univers, malgré le feu révolutionnaire, et le terrain propice de la république, le socialisme français n'a pu acquérir rien de comparable à la puissante position de son frère allemand qui a fondu trois millions d'individus en une puissance sociale coordonnée, vivante et active.

Le caractère généreux du peuple français, auquel les idées sont plus chères que les intérêts économiques, est d'ailleurs cause que l'aspect des partis s'altère sans cesse par la perpétuelle transformation des idées et des opinions populaires.

C'était hier la lutte entre la liberté et l'autorité ; aujourd'hui c'est le combat entre la vérité et le mensonge, la science et la religion, qui fait la diversion des partis ; demain encore ce sera la rivalité entre l'individualisme et le collectivisme : le procédé de la formation des partis, nous l'avons montré pour n'y plus revenir, est toujours identique.

.*.

En Angleterre, la puissance des traditions se retrouve et dans la vie politique (Whigs et Tories) et dans l'esprit mercantile des foules ouvrières, qui, infiniment douées dans le sens pratique, votent pour tel ou tel, suivant qu'il leur sera utile dans le présent, et ne se préoccupent pas de former un parti socialiste qui cherche le bonheur pour l'avenir.

Une grande partie des Etats du sud et du sud-est de notre continent, qui ont reçu, en partie, leurs constitutions par l'impôt, ne sont pas encore assez avancés pour former des partis représentatifs d'idées, et ne donnent que fictivoment des noms principiels à des partis qui n'ont pour raison d'existence que les intérêts personnels de certains hommes (la Bulgarie et pour une part l'Espagne). Quant à l'Italie, elle en est à l'aboutissement de la formation des partis distinctement constitués.

La plupart du temps, les luttes politiques de l'Amérique du Nord sont de nature purement économique, et n'ont rien à voir avec la question religieuse ou sociale. Donc, les partis, demandant respectivement l'étalon d'or ou d'argent, pouvaient rester longtemps des partis quasi uniques dans l'Etat. Pourtant il se produit déjà des indices d'une différenciation des partis, d'après des points de vue principiels : d'abord un parti qui veut hâter le développement capitaliste par des trust (républicains), puis un autre composé de paysans et d'artisans, qui est à l'antipode du premier (démocrates), enfin un tiers parti qui veut accélérer le développement progressif naturel pour arriver à une production directe par l'Etat (parti des ouvriers socialistes).

L'Australie nous démontre aussi, quant aux formations des partis, le schéma de l'Europe moderne plus nettement que le continent paternel lui-même.

Nous apercevons que ce sont, en général, partout les mêmes combats intellectuels et sociaux du temps présent qui poussent les partis, dont les différentes nuances sont données par les nationalités différentes.

Il est bien amusant d'envisager les partis nationalistes de l'Allemagne, de la France et de l'Angleterre, qui appellent, avec des arguments qui sont presque les mêmes, dans chaque pays, leurs partisans au combat sacré et affichent partout le même patriotisme noble et ardent.

Comme il serait impossible de mettre en doute le patriotisme des adversaires, il résulte que le jugement, du point de vue d'un parti, ne peut jamais être « juste » ou « injuste » parce qu'il n'exprime, ainsi que je l'ai fait remarquer au commencement de ce travail, que des sentiments de sympathie ou d'antipathie. Le combat des partis politiques est tout aussi bien en dehors des « vertus » ou des « vices », que le combat que les animaux sont contraints à mener, pour s'assurer leur existence, ou que la compétition elle-même des phénomènes naturels.

XII

Tâchons, comme conclusion de notre travail, d'esquisser les conséquences pratiques, des principes que nous avons exposés et qui sont le résultat des conceptions modernes.

L'aperception de la dépendance causale des partis nous enseigne, avant toute autre chose, la tolérance et nous démontre qu'il serait bien injuste de taxer les hommes d'après leurs opinions politiques.

Elle nous fait reconnaître comme absurde de haïr nos adversaires et nous fait concevoir comme indigne la lutte inspirée par la haine.

Cependant, cela ne doit pas nous empêcher d'avoir nos opinions à nous, car c'est du jeu spontané et éclairé des opinions que jaillit le progrès.

Le développement social est donc la base de toute progression de l'humanité qui a pu se créer un idéal suprême, un idéal qui appartient plus au cosmos intellectuel, pour ainsi dire, qu'à notre monde de tous les jours, avec ses mille petites futilités contingentes.

Se savoir un soldat de l'armée victorieuse de l'humanité, se regarder comme un échelon de l'évolution qui prend son élan vers l'idéal ; voilà la fonction la plus belle, que l'homme puisse remplir sur cette terre.

Montdidier. — Imp. Léon CARPENTIER